Manuela Lenzen

KÜNSTLICHE INTELLIGENZ

Fakten, Chancen, Risiken

C.H.Beck

Originalausgabe
© Verlag C.H.Beck oHG, München 2020
www.chbeck.de
Satz: C.H.Beck.Media.Solutions, Nördlingen
Druck und Bindung: Druckerei C.H.Beck, Nördlingen
Reihengestaltung Umschlag: Uwe Göbel (Original 1995, mit Logo),
Marion Blomeyer (Überarbeitung 2018)
Umschlagabbildung: Android / © Shutterstock
Printed in Germany
ISBN 978 3 406 75124 0

myclimate

klimaneutral produziert
www.chbeck.de/nachhaltig

Inhalt

Einleitung

Intelligente Maschinen, die uns anstrengende, langweilige oder gefährliche Arbeiten abnehmen, mit denen wir sprechen können, die uns bedienen oder beschützen, Maschinen, die ein bisschen so sind wie wir – davon träumen Menschen seit der Antike. Doch erst in den 1950er Jahren ist eine Disziplin entstanden, die uns der Realisierung dieses Traums ein Stück weit näher bringt: die «Künstliche Intelligenz», KI.

Die längste Zeit zog sie nur sporadisch größere Aufmerksamkeit auf sich, wenn Forscher einen interessanten Roboter oder ein frühes Dialogsystem präsentierten. In den letzten Jahren nun haben die Digitalisierung und Entwicklungen auf dem Gebiet der Computertechnik und des maschinellen Lernens zu rasanten Fortschritten und einem Boom marktfähiger Produkte geführt. Ob Privatleben oder Arbeitswelt, Schule, Wissenschaft oder Politik, Rechtswesen, Kommunikation, Einkaufen oder Verkehr – an kaum einem Bereich geht diese Entwicklung spurlos vorüber.

Algorithmen sortieren, klassifizieren, verknüpfen und durchsuchen Daten und stellen Prognosen über zukünftige Entwicklungen. Wir haben mit ihnen zu tun, wenn wir im Internet eine Suche starten, mit Chatbots sprechen, das Handy als Dolmetscher verwenden, wenn wir eine Hotline anrufen, einen Kredit beantragen, und immer häufiger auch, wenn wir eine Bewerbung abschicken. Wetterprognosen greifen auf KI-Verfahren ebenso zurück wie manche Sportberichterstattung, die Lagerlogistik ebenso wie die Polizei, und aus der medizinischen Forschung ist KI schon lange nicht mehr wegzudenken. Manchmal ist gar von einer Revolution die Rede, deren Anfänge wir gerade erlebten, ausgelöst durch Digitalisierung und Künstliche Intelligenz.

Mit den Möglichkeiten, die die Künstliche Intelligenz bietet, verbinden sich große Hoffnungen und ebenso große Befürchtungen: Mithilfe von lernenden Algorithmen könnten wir ein viel tieferes Verständnis der Welt erlangen, indem sie uns Muster zeigen, die uns sonst in der Überfülle der Informationen verborgen blieben. Mit ihrer Hilfe könnten individualisierte Therapien entwickelt, die Auswertung wissenschaftlicher Daten verbessert, die Umwelt enger überwacht, der Straßenverkehr besser geregelt, die Landwirtschaft ressourcenschonender organisiert und die Stromversorgung effizienter koordiniert werden. Zudem könnten neue Modelle des Austauschs von Wissen, des Zusammenlebens und der demokratischen Partizipation entstehen, die Arbeitszeit für alle kürzer und das Leben insgesamt besser, gesünder und angenehmer werden. Vielleicht, so ist bisweilen zu lesen, ist die intelligente Technik sogar die einzige Möglichkeit, mit Herausforderungen wie dem Klimawandel, der Organisation von Megacitys und der Ernährung der wachsenden Weltbevölkerung zurechtzukommen.

Kritiker befürchten hingegen, die neue Technologie werde uns vor allem mehr Überwachungs- und Manipulationsmöglichkeiten bescheren, ohnehin bestehende Monopole vergrößern, die Arbeitslosigkeit erhöhen, dazu beitragen, dass demokratische Verfahren immer mehr unterlaufen werden, das Ende des Solidarprinzips in den Versicherungen mit sich bringen und die soziale Spaltung vertiefen. Vielleicht könne die intelligente Technik uns eines Tages gar überflügeln, sich selbständig machen und sich im schlimmsten Fall gegen uns wenden.

Tatsächlich hat die Künstliche Intelligenz wie kaum eine andere Technologie das Potential, uns zu verwirren: Unweigerlich blicken wir durch die Brille all der Science-Fiction, die wir gesehen oder gelesen haben, auf Algorithmen, Chatbots und Roboter. Und diese Geschichten sind voll von menschenähnlichen Automaten, die ihrem Schöpfer über den Kopf wachsen und sich gegen ihn wenden, und von den Irritationen, die entstehen könnten, wenn Mensch und menschenähnliche Maschine sich begegnen. Da geht es um Maschinen, die irrtümlich für Menschen gehalten werden (und umgekehrt), um Maschinen, die plötzlich zu Bewusstsein kommen, um Menschen, die sich in den als Haussklaven gekauften Roboter verlieben, und so fort.

Diese Brille lässt uns in den Produkten der KI-Forschung leicht mehr erkennen, mehr erhoffen und mehr befürchten, als die Technik derzeit realisieren kann.

Dies wird noch dadurch verstärkt, dass die Evolution uns nun einmal so eingerichtet hat, dass wir eher zu schnell als zu zögerlich Maschinen, die sprechen, die herumgehen oder mit den Augen rollen, menschenähnliche Eigenschaften zuschreiben: Wünsche, Pläne und Absichten, vielleicht auch Bewusstsein und Gefühle. Und auch der so griffige wie werbewirksame (dabei aber alles andere als unumstrittene) Name des Unternehmens «Künstliche Intelligenz» rückt die Technik zu nah an den Menschen heran.

Diese Faktoren tragen dazu bei, dass wir uns leicht darüber täuschen, womit wir es bei der Künstlichen Intelligenz zu tun haben, was sie leisten kann und wann sie überfordert ist.

Die KI-Forschung hat in den letzten Jahren und Jahrzehnten mächtige Werkzeuge entwickelt, die zahlreiche neue Möglichkeiten eröffnen, und Systeme, die unsere eigenen Fähigkeiten in manchen Bereichen längst übertreffen. Die Frage, wie Maschinen herzustellen wären, die so intelligent sind wie wir, ist allerdings noch lange nicht beantwortet.

Gerade weil diese Technologie uns so leicht verwirrt, ist es wichtig, sie realistisch einzuschätzen: Denn was wir den KI-Systemen zutrauen, entscheidet mit darüber, wo sie zum Einsatz kommen, wie wir sie kontrollieren und wie weit wir uns auf ihre Ergebnisse verlassen. Es macht einen Unterschied, ob wir uns einer, wenn auch künstlichen, «Intelligenz» gegenübersehen oder lediglich einem «Entscheidungsunterstützungssystem».

Die KI zu überschätzen kann dazu führen, dass Systeme in Bereichen eingesetzt werden, in denen sie überfordert sind, und dort Schaden anrichten. Es kann auch dazu führen, dass auf die große Euphorie, die wir gerade erleben, eine – ebenso übertriebene – Enttäuschung folgt. In der Geschichte der Künstlichen Intelligenz sind solche Phasen als «KI-Winter» bekannt, Zeiten, in denen Forschungsgelder massiv gekürzt wurden, weil sich zu vollmundige Versprechungen nicht einlösen ließen. Käme es zu einem erneuten Wintereinbruch, könnten wichtige Entwicklungen ausgebremst und Chancen vergeben werden. Die KI zu unterschätzen kann hingegen bedeuten, die rasanten Veränderungen, die durch diese Technologie auf uns zukommen, nicht ernst zu nehmen und ihre Gestaltung und auch ihre Regulierung zu vernachlässigen.

Dieses Buch soll einer realistischen Perspektive den Boden bereiten. Nicht alles, was derzeit als «smart» verkauft wird, hat mit Künstlicher Intelligenz zu tun. Ein Computerprogramm oder eine Internetverbindung machen noch kein intelligentes System, Digitalisierung und Künstliche Intelligenz sind nicht dasselbe und auch Big Data hat zwar mit KI zu tun, bezeichnet aber etwas anderes. Auf den folgenden Seiten werden die Grundlagen, die Möglichkeiten und Grenzen der Künstlichen Intelligenz, die wichtigsten Einsatzmöglichkeiten ihrer Produkte und bereits eingetretene oder anstehende gesellschaftliche Auswirkungen beschrieben. Denn auch wenn die KI-Forschung noch am Anfang steht und ihre Produkte auf absehbare Zeit nicht so intelligent sein werden wie wir: Die Auswirkungen ihres Einsatzes sind bereits massiv. Die Weichen für die sinnvolle Nutzung der KI müssen wir heute stellen.

1. Was ist Künstliche Intelligenz?

«Künstliche Intelligenz ist die Wissenschaft von der Entwicklung und Herstellung intelligenter Maschinen, vor allem von Computerprogrammen. Sie ist mit dem ähnlichen Projekt verwandt, Computer zu verwenden, um die menschliche Intelligenz besser zu verstehen, aber KI muss sich nicht auf Methoden beschränken, für die es biologische Vorbilder gibt.»[1] So fasste der amerikanische Informatiker und Pionier der KI-Forschung John McCarthy das Anliegen der KI so knapp wie treffend zusammen.

Künstliche Intelligenz steht nicht für eine bestimmte Technologie, sondern für ein Projekt, von dem nicht recht klar ist, was es genau umfasst und auf welchem Weg man es verwirklichen kann. Es umfasst ein ganzes Bündel unterschiedlicher und immer wieder weiter oder neu entwickelter Verfahren. Es ist also irreführend, von «der KI» oder «einer KI» zu sprechen, wenn man ein System meint, in dem auch, aber meistens nicht ausschließlich, Verfahren aus dem Werkzeugkasten der KI-Forschung zum Einsatz kommen.

Akademisch gesehen ist die KI ein Teilgebiet der Informatik, denn andere Möglichkeiten, künstliche intelligente Systeme zu bauen, als mithilfe von Software, Computern und Robotern sind derzeit nicht in der Diskussion. In den allermeisten Fällen geht es dabei nicht darum, ein Gehirn nachzubauen. Die KI-Forschung beruht vielmehr auf der Annahme, dass sich Prinzipien oder Regeln finden lassen, die es erlauben, kognitive Prozesse durch Berechnungsprozesse nachzubilden, die ein Computer ausführen kann.

In KI-Projekten kooperieren Forscherinnen und Forscher aus ganz verschiedenen Disziplinen: Außer der Informatik und den Ingenieursdisziplinen sind Fachleute aus Mathematik und Psychologie, Biologie, Linguistik, Neurowissenschaften, Philosophie und Ethnologie beteiligt.

Sie arbeiten daran, Systeme zu entwickeln, die Sprache verschriftlichen, Sätze analysieren und Fragen zum Inhalt eines Textes beantworten können; die dolmetschen und übersetzen. Sie arbeiten an Systemen, die erkennen, was auf Bildern zu sehen ist, die Bilder sortieren und vergleichen und die selbst neue Bilder generieren können. Sie arbeiten an Systemen, die Menschen bei Entscheidungen unterstützen, indem sie große Mengen an Daten – Bilder, Tondokumente, Texte – durchforsten und wichtige Informationen herausheben; an Systemen, die simulieren, welche Auswirkungen eine Entscheidung hätte; an Verfahren, unser Wissen über die Welt für diese Systeme lesbar zu machen und neues Wissen aus bereits Bekanntem zu destillieren; an Systemen, die in großen Datenmengen selbständig interessante Muster finden; an Systemen, die Spiele wie Schach, Go, Poker oder Computerspiele meistern; an Robotern, die sich immer flexibler und selbständiger in der Welt bewegen – und bisweilen auch an dem großen Projekt, eine Maschine zu bauen, die so flexibel, so vielseitig und intelligent ist wie wir.

Es hat sich eingebürgert, eine solche Maschine als «starke» oder «allgemeine» Künstliche Intelligenz zu bezeichnen und sie von «schwacher KI» zu unterscheiden. Schwach intelligent sind Systeme, die lediglich eine bestimmte Aufgabe, etwa das Übersetzen, bewältigen. Der allergrößte Teil der KI-Forschung und -Produktentwicklung zielt auf solche schwach intelligenten Systeme.

Die Krux mit der Intelligenz. Ein Problem mit der oben zitierten Definition von Künstlicher Intelligenz ist allerdings der Begriff der Intelligenz selbst. Was Intelligenz ist, ob natürliche oder künstliche, ist alles andere als klar. McCarthy bestimmte sie etwa nebulös als den berechenbaren Teil der Fähigkeit, in der Welt Ziele zu erreichen, und gestand zu, wir könnten nicht angeben, welche der Prozesse, die ein solches zielgerichtetes Handeln ermöglichen, intelligent genannt werden sollten. Weil nicht klar ist, was Intelligenz genau bedeutet, ist auch unklar, wann ein künstliches System als intelligent gelten kann. Marvin Minsky, ein weiterer Pionier der KI, hat vorgeschlagen, ein Programm dann als intelligent zu bezeichnen, wenn es etwas leistet, wozu ein Mensch Intelligenz benötigt. Doch auch das hilft nicht wirklich. Denn ein Mensch benötigt für fast alles, was er tut, Intelligenz. Man würde einen Taschenrechner nicht als intelligent bezeichnen wollen, nur weil ein Mensch Intelligenz benötigt, um eine Divisionsaufgabe zu lösen.

Ein anderes bekanntes Verfahren, um intelligente Maschinen zu identifizieren, ist der Turing-Test. Dabei kommuniziert ein Mensch über eine Tastatur mit einem Menschen und einer Maschine, ohne zu wissen, wer wer ist. Nach der Idee des britischen Mathematikers Alan Turing, der dieses zuerst «Imitationsspiel» genannte Verfahren erdacht hat, soll ein System dann als intelligent gelten, wenn der Mensch es für eine gewisse Zeit für einen Menschen hält.

Dies ist allerdings ein sehr subjektives Maß und bis heute umstritten. Die Geschichte des Turing-Tests, der immer wieder einmal durchgeführt wird, hat jedenfalls gezeigt, dass dort vor allem Systeme an den Start gehen, die gut bluffen können. Systeme also, die die Situation so definieren, dass der Mensch die Fehler der Maschine entschuldigt. So wurde etwa «Eugene Goostman», ein System, das sich 2014 in einem Turing-Test ganz gut hielt, als ein fünfzehnjähriger Junge aus der Ukraine präsentiert, der nur schlecht Englisch spreche. Google Duplex, eines der am weitesten fortgeschrittenen Sprachsysteme, machte 2018 damit Furore, einen Tisch im Restaurant und einen Termin beim Friseur zu vereinbaren, ohne dass der Mensch, mit dem es telefoniert hatte, bemerkte, dass er mit einer Maschine sprach. Doch auch Duplex kann keine freie Unterhaltung führen, sondern braucht eine vordefinierte Situation. Innerhalb dieses Rahmens kann es dann aber zum Beispiel Nachfragen stellen oder beantworten. Auch die Google-Forscher verzichteten nicht auf Schauelemente und ließen das System auch mal «Äh» und «Hm» einstreuen, um es glaubwürdiger erscheinen zu lassen. Doch bislang ist kein System in der Lage, Menschen über längere Zeit zu täuschen.

Soll AlphaZero, ein Programm, das in nur wenigen Stunden Training auf Weltklasse-Niveau Schach spielen lernte, als intelligent gelten? Auch wenn es nicht in der Lage ist, Mensch-ärgere-Dich-nicht zu spielen oder Äpfel von Birnen zu unterscheiden? Oder ein Übersetzungsprogramm, das chinesische Sätze auf dem Umweg über das Englische in koreanische verwandeln kann? Oder ein Fahrzeug, das sich mithilfe seiner Karten und Sensordaten einen Weg durch die Stadt sucht? Auf diese Fragen gibt es keine eindeutige Antwort. Vielmehr zeigt sich immer wieder ein paradoxes Phänomen: Wenn ein künstliches System eine Leistung erbringt, für die ein Mensch als intelligent gelten würde, wird dies gern als durch einen «bloßen Mechanismus» bewirkt abgetan. Bisweilen sind Menschen enttäuscht, wenn sie erfahren, wie ein Algorithmus, etwa ein Entscheidungsbaum (siehe S. 31), funktioniert. Was nachvollziehbar ist, erscheint nicht mehr intelligent. Dies könnte freilich bedeuten, dass wir es aus rein begrifflichen Gründen nie zu künstlicher Intelligenz bringen werden.

Alan Turing hielt sich mit der Frage, wann eine Maschine denn nun als intelligent gelten solle, nicht lange auf – und so halten es bis heute die meisten seiner Kolleginnen und Kollegen. Für ihn war es eine Frage der Gewohnheit und des Sprachgebrauchs: Er ging davon aus, dass es um das Jahr 2000 herum selbstverständlich geworden sei, von denkenden Maschinen zu sprechen.

Konsens ist, dass Intelligenz mit Flexibilität und Lernen zu tun hat, mit der Fähigkeit, sich auf wechselnde Anforderungen einzustellen und das eigene Verhalten auf der Basis von Erfahrungen angemessen zu gestalten, um die eigenen Ziele zu erreichen. Ein Programm, bei dem Input und Output starr verbunden sind, wie bei einem Reflex, würde demnach nicht als intelligent gelten, ein autonomes Fahrzeug vielleicht schon.

Die längste Zeit stand «Künstliche Intelligenz» für Verfahren, das Wissen, das Menschen über die Welt gesammelt haben, für Maschinen aufzubereiten und diese zu befähigen, daraus Schlüsse zu ziehen. Heute hat es sich hingegen eingebürgert, Programme, die mit einem Verfahren des maschinellen Lernens arbeiten, vor allem mit dem sogenannten Deep Learning auf Künstlichen Neuronalen Netzen (KNN, siehe S. 37), als intelligent zu bezeichnen. Die älteren Verfahren firmieren hingegen nun unter «GOFAI»: Good Old Fashioned Artificial Intelligence. Bisweilen werden «Künstliche Intelligenz» und «Deep Learning» mehr oder weniger gleichbedeutend verwendet. Das ist umstritten: Weil es sich bei Letzteren um statistische Verfahren handelt, die viele nicht als «intelligent» bezeichnet sehen wollen, und weil auch sie von der Flexibilität der menschlichen Intelligenz noch weit entfernt sind. Häufig ist daher für einige Einsatzbereiche von KI heute von ADM: *automated decision making*, automatisierter Entscheidungsfindung, die Rede.

Vor allem aber wäre es eine starke Verkürzung, das Deep Learning mit dem Forschungsfeld KI insgesamt gleichzusetzen. Zwar dominieren diese Verfahren derzeit die Wahrnehmung und ein guter Teil des aktuellen Booms der KI geht auf Fortschritte in diesem Bereich zurück. Dennoch ist Deep Learning nur ein Teilbereich des viel umfassenderen Forschungsgebiets «Maschinelles Lernen», das wiederum ein Teilgebiet der noch umfassenderen Disziplin Künstliche Intelligenz darstellt. Und natürlich fragen Forscher längst, was der nächste Schritt sein kann, mit dem sich die durchaus auch vorhandenen Beschränkungen und Nachteile des «tiefen Lernens» überwinden lassen.

Digitalisierung und Big Data. Geht es um Künstliche Intelligenz, fallen meist zwei weitere prominente Schlagwörter: Digitalisierung und Big Data. Digitalisierung ist nicht gleichbedeutend mit Künstlicher Intelligenz, sondern ihre Vorbedingung. Digitalisierung bedeutet, die Welt für informationsverarbeitende Systeme lesbar zu machen. Ohne sie kann digitale Datenverarbeitung, ob nun durch lernende Verfahren oder andere, nicht stattfinden, so wie man ohne Kaffeebohnen keinen Kaffee kochen kann. Technisch geht es dabei um die Aufzeichnung und die Umwandlung von analogen in digitale Signale, mit denen Computersysteme arbeiten können. Digitale Signale unterscheiden sich von analogen dadurch, dass sie in einzelnen Werten, nicht in einem Kontinuum vorliegen. Wenn wir einen Regenbogen sehen, gehen die Farben für uns ineinander über. Man kann nicht leicht sagen, wo Blau aufhört und Grün beginnt. Digitalisiert werden dagegen einzelne Abstufungen durch klar unterscheidbare Werte dargestellt: Blau 0000fc, 0000fd, 0000fe.

Texte, Bilder und Tondokumente sind in den letzten Jahren in großem Umfang digitalisiert worden. Immer mehr Sensoren messen immer mehr Prozesse und Vorgänge in Unternehmen, in der Natur, im öffentlichen und privaten Leben, in der Kommunikation, im und am Körper. So bekommen immer mehr Dinge und Prozesse ein digitales Abbild in Form eines Datensatzes oder eines Datenstroms. Digitalisierung steht auch für die Verknüpfung immer mehr dieser mit Sensoren und Prozessoren versehenen Dinge zu einem Netzwerk, dem Internet der Dinge, Internet of Things, IoT. Dieses umfasst den großen Bereich miteinander kommunizierender Industriemaschinen (Industrial IoT), aber auch private Geräte und Gadgets von Fitness-Trackern über Rasenmäher bis zu (teil-)autonomen Fahrzeugen.

Für dieses Datenaufkommen steht «Big Data»: für Datenmengen, die so groß, komplex und unübersichtlich sind, dass Menschen sie nicht ohne maschinelle Hilfe analysieren können. Sie entstehen zum Beispiel in der wissenschaftlichen Forschung und in der Medizin, in der Industrieproduktion, aber auch durch das IoT und die Spuren, die wir in digitalen Medien hinterlassen. Big Data ist auf der einen Seite eine Herausforderung: Wir generieren und sammeln immer mehr Daten und benötigen Algorithmen, wenn wir mit ihnen etwas anfangen wollen. Zugleich bieten sie eine Chance, denn die lernenden Verfahren benötigen für ihre Lernprozesse, wie wir später sehen werden, genau dies: große Mengen an Daten.

Digitalisierung, Big Data und Künstliche Intelligenz sind also eng verflochten. Wenn nach den Auswirkungen der Künstlichen Intelligenz gefragt wird, etwa auf dem Arbeitsmarkt, sind oft diejenigen der Digitalisierung gemeint, auch wenn längst nicht alles, was mit digitalen Daten zu tun hat, in den Bereich der KI fällt. Spätestens, wenn es darum geht, regulierend einzugreifen, gilt es freilich, genauer hinzusehen, welche Technologie welche Auswirkungen hat.

Künstliche und natürliche Intelligenz. Eins ist sicher: Materie kann Intelligenz entwickeln. Der Mensch und, je nach Definition, einige Tierarten, sind der Beweis dafür. Daher hat sich die KI-Forschung im Laufe ihrer Entwicklung über weite Strecken am Wissen über die menschliche Intelligenz, also darüber, wie Menschen intelligentes Verhalten zuwege bringen, inspiriert. Was bei Menschen als intelligente Leistung gilt, etwa das Schachspielen, das sollten auch die Maschinen können.

Inzwischen hat die KI sich in vielen Bereichen von der Nachahmung menschlicher Intelligenz emanzipiert. Oft gibt es bessere, schnellere oder billigere Wege, eine Maschine dazu zu bringen, ein konkretes Problem zu lösen, als zu imitieren, wie der Mensch dieses Problem angehen würde. Immerhin kann der Programmierer sozusagen ganz von vorne beginnen und muss nicht mit dem weitermachen, was die Evolution an Flickwerk hervorgebracht hat. In vielen Bereichen gilt: Gerade, weil sie anders funktionieren als die menschliche Wahrnehmung, können zum Beispiel Programme zur Bilderkennung unermüdlich Pixel für Pixel vergleichen, gerade weil sie anders funktionieren, können Algorithmen rasend schnell große Datenmengen durchmustern. Weil sie anders funktionieren, machen sie allerdings bisweilen auch kuriose und überraschende Fehler, die Menschen so nicht unterlaufen würden (siehe S. 55).

Hinzu kommt: Die menschliche Intelligenz ist noch längst nicht gut genug verstanden, als dass man sie einfach zum Modell nehmen und nachbauen könnte. Stattdessen wird – auch durch die KI-Forschung selbst – immer deutlicher, dass «die Intelligenz» ebenso wie «das Lernen» tatsächlich Konglomerate aus ganz unterschiedlichen Fähigkeiten sind. Ob man eine intelligente Maschine, die diesen Namen verdient, bauen kann, indem man verschiedene Module für einzelne intelligente Fähigkeiten kombiniert, oder ob man ein Verfahren entwickeln muss, bei dem sich eine vielfältige Intelligenz aus einfachen Anfängen entwickelt, ist bislang offen.

Bei diesen Fragen hat die KI-Forschung Berührungspunkte mit der Kognitionswissenschaft, ihrem auch von John McCarthy erwähnten komplementären Projekt. Die Kognitionswissenschaft, die etwa zeitgleich mit der KI in den 1950er Jahren entstand, nutzt technische Systeme, um die menschliche (oder tierische) Intelligenz besser zu verstehen. Computerprogramme dienen dabei nicht nur, wie in anderen Disziplinen auch, dazu, Forschungsdaten auszuwerten. Vielmehr werden sie verwendet, um Annahmen über die natürliche Kognition zu testen, nach dem Motto: Nur, was man nachbauen kann, hat man auch verstanden. Verhält sich ein Programm oder ein Roboter, der nach solchen Annahmen gebaut wurde, wie sein natürliches Vorbild, ist dies zwar kein Beweis, aber zumindest ein Hinweis, dass man mit diesen Annahmen nicht ganz auf dem falschen Weg ist.

Künstliche-Intelligenz-Forschung und Kognitionswissenschaft sind sich im Laufe ihrer Geschichte immer wieder einmal näher gekommen, mal haben sie sich voneinander entfernt. Aktuell sind zwei gegenläufige Trends zu beobachten: Während immer mehr konkrete KI-Anwendungen möglich sind, für die die menschliche Art, zu denken und die Welt wahrzunehmen, kaum noch eine Rolle spielt, wächst in der KI-Grundlagenforschung das Interesse vor allem an den Ergebnissen der Neurowissenschaften wieder an. Für konkrete Anwendungen brauchen wir Systeme, die anders funktionieren als der Mensch, die sich nicht verrechnen, die schneller sind als wir, die unsere Gedächtnisleistung übertreffen, die keine Gefühle kennen. Schließlich sollen sie uns bei den Dingen entlasten, die uns Mühe machen. Was sollten wir mit einem vergesslichen Schweißroboter anfangen, einem pubertierenden Rasenmäher oder einer beleidigten Suchmaschine?

Doch je weiter sich Roboter aus den Labors herauswagen, je breiter die Einsatzmöglichkeiten komplexer Algorithmen werden, desto deutlicher wird auch, dass die intelligent genannten Systeme unserer Tage nach wie vor extrem spezialisiert sind. Der Schritt von den klaren Regeln des Schachspiels in das bunte Durcheinander der Welt ist für diese Systeme noch immer sehr groß. Der Mensch mag schlechter Schach spielen als eine Maschine und langsam und fehlerhaft rechnen, dafür aber kann er sich auf immer wieder neue Herausforderungen einstellen. Wie es gelingen kann, dieser flexiblen Intelligenz des Menschen näher zu kommen, ist aktuell offen. Dass es mit der Analyse von noch mehr Daten in noch leistungsfähigeren Computern gelingen kann, bezweifeln Forscher mehr und mehr. Stattdessen wird diskutiert, wie sich die Künstliche-Intelligenz-Forschung wieder stärker an den Prinzipien der menschlichen Kognition orientieren könnte.

2. Ein Ausflug in die Geschichte

Versuche, Gedanken zu formalisieren, sie also ohne Rücksicht auf ihren Inhalt, allein ihrer Form nach zu betrachten und so darüber zu entscheiden, ob Argumente gültig sind, gehen bis auf die antike Logik zurück. Auch automatisierte Beweisverfahren wurden, in Form von gegeneinander verdrehbaren Papierscheiben, früh erprobt, etwa im 13. Jahrhundert von dem mallorquinischen Philosophen Ramon Llull. Zu den Wegbereitern der KI gehört auch der Philosoph und Mathematiker Gottfried Wilhelm Leibniz, der an einer «Algebra des Geistes» arbeitete, mit deren Hilfe man «gleichsam wie durch die Tätigkeit einer Maschine» sicher zu einem Ergebnis kommen sollte. Wie Lull hatte auch Leibniz den Gedanken, die Formalisierung von Denkprozessen könne dazu beitragen, Streit aus der Welt zu schaffen, ließe sich doch mit einem objektiven Verfahren feststellen, wer recht hat. Auch Logiker wie George Boole und Gottlob Frege, die die Erkenntnisse der Antike weiterentwickelten, gehören zu den Vorvätern der KI.

Doch erst mit der Entwicklung der Computer ließen sich viele der Ideen zur Automatisierung des Denkens realisieren. Auch die Geschichte der Rechenmaschinen lässt sich weit zurückverfolgen, bis zum Abakus, dessen Alter Forscher auf etwa 4500 Jahre schätzen. Zu den moderneren Vorläufern der Computer zählen die mit Lochkarten programmierbaren Webstühle des frühen 19. Jahrhunderts und die von Charles Babbage 1837 als Modell präsentierte «Analytische Maschine» – deren erstes «Programm» im Übrigen eine Frau entwickelte: Ada Lovelace. Als erster funktionsfähiger Computer gilt der 1941 von Konrad Zuse entwickelte Z3, der mit elektromagnetischen Relais arbeitete, wie sie für die Telekommunikation entwickelt worden waren. ENIAC, ein im Auftrag der US-Armee entwickelter und 1946 fertiggestellter Rechner auf Röhrenbasis, konnte bereits die Grundrechenarten ausführen und Quadratwurzeln ziehen. Während Z3 für eine Berechnung mehrere Sekunden benötigte, arbeitete ENIAC in Millisekunden.

Als Beginn der modernen Künstliche-Intelligenz-Forschung gilt eine Tagung, die 1956 am Dartmouth College in Hanover, New Hampshire, stattfand. Vier junge Forscher, unter ihnen John McCarthy und Marvin Minsky, hatten Kollegen eingeladen, um zwei Monate lang darüber nachzudenken, «wie Maschinen dazu gebracht werden können, Begriffe zu bilden, Sprache zu verwenden, Probleme zu lösen, die zu lösen zuvor dem Menschen vorbehalten waren, und sich selbst zu verbessern». Für dieses Projekt prägten sie den Namen «Artificial Intelligence» – «Künstliche Intelligenz».

Sie starteten freilich nicht aus dem Nichts. Alan Turing hatte schon in den 1930er Jahren nachgewiesen, dass eine Maschine, die jedes Problem lösen kann, das sich in klar definierte Einzelschritte zerlegen lässt, im Prinzip möglich ist: die heute sogenannte Turing-Maschine. In den 1940er Jahren hatten Walter Pitts und Warren McCulloch erste vom Gehirn inspirierte künstliche neuronale Netze aus sogenannten formalen Neuronen entworfen: Gleichungen, die verschiedene Eingangswerte und einen Schwellenwert zu einem Ergebnis verrechnen, so, wie Neuronen des Gehirns Eingangssignale von anderen Neuronen erhalten und erst ihrerseits ein Signal weiterleiten, wenn ein Schwellenwert erreicht ist. 1947 hatte wiederum Alan Turing einen Vortrag vor der London Mathematical Society gehalten, in dem er von den Möglichkeiten intelligenter Maschinen sprach, von der Notwendigkeit, sie von Menschen lernen zu lassen, und dem Schachspiel als möglichem Testfeld.[2] 1950 beschrieb der amerikanische Mathematiker und Elektrotechniker Claude Shannon ein erstes Schachprogramm.[3]

Ebenfalls 1956 fand am Massachusetts Institute of Technology eine zweite wichtige Tagung statt: Allen Newell, Herbert Simon und John Shaw präsentierten dort ihren «Logical Theorist», ein Programm, das einige mathematische Theoreme beweisen konnte, und der Linguist Noam Chomsky stellte seine Theorie der Sprache vor, der zufolge ein unbewusst bleibendes Regelsystem es Sprechern erlaubt, immer neue Sätze zu bilden. Könnte man diese Regeln finden, so sein Gedanke, könnte man sie vielleicht auch in einen Computer programmieren. 1956 wurde zudem der Nobelpreis für Physik für die «Entdeckung des Transistoreffekts» verliehen, diejenige Technologie, die die Röhrenrechner ablöste und, um Dimensionen verkleinert, bis heute die Computertechnik bestimmt.[4]

In dieser Aufbruchszeit kannte der Optimismus der Forscher kaum Grenzen. Innerhalb von nur zwei Monaten gedachten die in Dartmouth Versammelten, in ihrem Projekt wesentliche Fortschritte zu erzielen, Fortschritte, die sich zum Teil erst in jüngster Zeit tatsächlich einstellten.[5]

Dass sie die vor ihnen liegende Aufgabe so sehr unterschätzten, lag zum einen daran, dass sie keine Vorstellung von der Komplexität der Probleme hatten, die vor ihnen lagen, und von der Leistungsfähigkeit der Computer, die dafür benötigt würden. Vor allem aber unterschätzten sie, wie wenig die menschliche Intelligenz verstanden war und ist und wie sehr sich die Vorstellung von Intelligenz im Zuge der Versuche, diese in Maschinen nachzubauen, verändern würde. «Wir gehen davon aus, dass jeder Bereich der menschlichen Kognition im Prinzip so genau beschrieben werden kann, dass man eine Maschine dazu bringen kann, sie zu imitieren», heißt es in dem Antrag, mit dem die Forscher Fördergelder für ihre Tagung einwarben. Wie sich herausstellen sollte, ist dies nicht der Fall. Stattdessen hat sich im Laufe von über 60 Jahren KI-Forschung gezeigt, dass Intelligenz mehr umfasst als die klassischerweise von Intelligenztests gemessenen Fähigkeiten, dass sie einen Körper benötigt, eine Umwelt und die Möglichkeit, in dieser zu handeln, die Interaktion mit Mitmenschen, eine Kindheit und auch die Vorprägung durch die Evolution. Wie weit eine Künstliche Intelligenz ohne diese Aspekte kommen kann, ist eine offene Frage.

Es war abermals Alan Turing, der 1950 visionär zwei Wege skizzierte, um intelligente Maschinen zu realisieren. Man könne entweder mit einer abstrakten Tätigkeit wie dem Schachspielen beginnen, oder man könne eine Maschine mit Sinnesorganen ausstatten und sie dann wie ein Kind unterrichten. Er plädierte dafür, beide Ansätze zu erproben.[6]

Der Mainstream der frühen KI-Forscher begab sich auf den ersten von Turing beschriebenen Weg und begann mit den abstrakten Tätigkeiten. Programme für Spiele wie Dame, Schach und Tic Tac Toe wurden entwickelt, logische, geometrische und mathematische Probleme behandelt. Ausgehend von der Art, wie Menschen solche Probleme angehen, hoffte man, grundlegende Prinzipien des Denkens zu erfassen. So nannten Herbert Simon und Allen Newell ihr 1957 präsentiertes Programm «General Problem Solver», allgemeinen Problemlöser, und beschrie-

ben es als ein «Programm, das das menschliche Denken simuliert». Tatsächlich war der Name etwas hoch gegriffen; das
Programm konnte lediglich einige wohldefinierte Probleme lösen.

Doch auch die Grundlagen für die aktuellen lernenden Verfahren wurden bereits in den 1950er Jahren gelegt. 1956 stellte
der Psychologe Frank Rosenblatt Mark 1 vor, einen Computer
mit einem Künstlichen Neuronalen Netz, basierend auf den
künstlichen Neuronen von McCulloch und Pitts und dem
Gedanken des Psychologen Donald Hebb, dass Gehirne lernen,
indem sich die Verbindungen zwischen Neuronen, die oft gemeinsam aktiv sind, verstärken. Das sogenannte Perzeptron
konnte nach Trainingsläufen, bei denen die Verbindungen zwischen den künstlichen Neuronen eingestellt wurden, mithilfe einer Schicht von Fotozellen einfache Muster erkennen. Rosenblatt postulierte damals, die Zukunft der KI liege eindeutig in
diesen statistischen, nicht in den logischen Verfahren. Doch das
Perzeptron funktionierte nicht besonders gut und deckte längst
nicht die Bandbreite der klassischen Programmierung ab. So
konnte es etwa die Funktion XOR, A oder B, aber nicht beide
zugleich, nicht berechnen. Für Netze mit mehreren Schichten,
die dieses Problem behoben hätten, kannte man noch kein
Lernverfahren. In der Folge kehrte die Zunft den Künstlichen
Neuronalen Netzen erst einmal den Rücken, es kam zum ersten
KI-Winter: Die DARPA, die Forschungsabteilung des US-Mili-
tärs, das die KI-Forschung von Beginn an unterstützt hatte,
kürzte ihre Fördergelder massiv.

Es folgte eine Phase der Orientierung, in der die KI allmählich
und zuerst in den USA als Fach an Universitäten etabliert wurde.
In den 1960er Jahren entstanden dann die ersten Dialogsys-
teme. Das berühmteste unter ihnen war ELIZA, ein Programm
von Joseph Weizenbaum, das im Gespräch einen Psychothera-
peuten mimte. Obwohl es recht einfach gestrickt war und im
Wesentlichen mit vorgefertigten Antworten auf Signalwörter
reagierte, fanden viele Menschen Gefallen am «Gespräch» mit
dem Programm. So machte dieses frühe Experiment bereits
deutlich, dass die Interaktion von Mensch und Maschine nicht
unproblematisch ist. Es braucht offenbar nicht viel, um Men-

schen das Gefühl zu geben, es mit einer intelligenten Maschine zu tun zu haben.

In den 1970er und 1980er Jahren entstanden auch in Europa Forschungsgruppen und Förderprogramme zur KI. Diese Jahre sahen die ersten Expertensysteme: Anstelle der allgemeinen Problemlöser entstanden nun Programme für klar umgrenzte Aufgaben, wie «Mycin» zur Diagnose von Blutinfektionen und «Dendral» zur Analyse von Daten aus dem Massenspektrometer. Dazu kodierte man zum einen das bestehende Wissen zu einem Fachgebiet in einer für die Computer handhabbaren Weise. Zum anderen befragte man Experten, also Mediziner, Biologen, Chemiker, nach ihrem Vorgehen und versuchte, auch dieses in Form von Wenn-dann-Regeln in Programmen nachzubilden. Weil sie auf das Wissen der menschlichen Experten setzt, heißt diese Art der Programmierung «wissensbasiert».

So entstanden beeindruckende Datenbanken und mächtige Algorithmen, um diese zu durchforsten. Das umfänglichste und ambitionierteste unter den Expertensystemen ist Cyc, kurz für Encyclopedia. Forscher um Douglas Lennat haben über 30 Jahre und vier Millionen Arbeitsstunden damit verbracht, dieses System mit Weltwissen zu füttern, mit Begriffen, Sätzen und Verknüpfungen zwischen ihnen. Wasser macht nass, Regen ist Wasser, das in Tropfen vom Himmel fällt. Also macht Regen nass. Vögel fliegen und flattern dazu mit den Flügeln, Flugzeuge fliegen, ohne zu flattern. Sie hofften, so die Grundlage für eine Art künstlichen gesunden Menschenverstand zu schaffen. Damit könnte eine Frage-Antwort-Maschine dann zum Beispiel vermeiden, falsche Antworten zu geben, weil es ihr an Hintergrundwissen fehlt, das uns selbstverständlich ist. Heute wird Cyc als Datenbank, als Planungsassistent und Anlageberater vermarktet. Expertensysteme bewährten sich in Bereichen des sogenannten deklarativen Wissens – Wissen, das man ausbuchstabieren kann. Sie waren die ersten kommerziell verwertbaren Produkte der KI-Forschung und machten diese einer größeren Öffentlichkeit bekannt.

Wissensbasierte Systeme spielen bis heute in der KI eine wichtige Rolle. Sie kommen zum Einsatz, wo Probleme mit klassischer Programmierung gelöst werden können, und ergänzen lernende Systeme. Sie werden geschätzt, weil ihr Vorgehen, anders als das mancher lernender Verfahren, nachvollziehbar ist. Meist firmieren die Nachfolger der Expertensysteme heute unter der Bezeichnung «Knowledge Graph», Wissensgraph, einem Begriff, der ursprünglich von Google-Forschern für die Wissensbasis ihrer Suchmaschine geprägt wurde.

Doch Expertensysteme stoßen an ihre Grenzen, wenn es um Ausnahmen geht, um Aufgaben, die eben nicht klar umrissen sind, bei denen wir nicht einmal selbst genau wissen, wie sie zu lösen sind, und die sich daher nicht auf herkömmliche Weise programmieren lassen. Zudem ist es sehr aufwändig, sie mit Wissen auszustatten und dieses aktuell zu halten. Obwohl Forscher immer mehr Daten zusammentrugen, wurden die Expertensysteme nicht wirklich intelligent. Auch die 1980er Jahre sahen daher einen KI-Winter: eine Phase enttäuschter Hoffnungen und zurückgefahrener Forschungsgelder.

Zugleich besannen sich die Forscherinnen und Forscher wieder auf lernende Verfahren. Unter dem Namen «Konnektionismus» oder «subsymbolische Informationsverarbeitung» erlebten die mehr am Gehirn orientierten Verfahren einen zweiten Aufschwung. In der klassischen Programmierung stehen Symbole für Dinge in der Welt, Regeln geben an, wie mit ihnen zu verfahren ist, wie sie zu «manipulieren» sind, und richten sich dabei nach den Vorgaben der Logik. Wenn Geschwister dieselben Eltern haben und A und B die Eltern von C und D sind, sind C und D Geschwister. Die subsymbolischen Verfahren beruhen hingegen auf dem Gedanken, dass die Systeme selbst lernen sollen, worauf es bei einer Problemlösung ankommt. Die Strukturen, die sich dabei bilden, stehen nicht wie Wörter oder Bilder für Dinge in der Welt, sie sind weniger abstrakt als diese und damit «subsymbolisch». Auch Möglichkeiten, beide Ansätze zu kombinieren, wurden schon früh diskutiert.

Seit den 2000er und vor allem seit den 2010er Jahren bestimmen Fortschritte in maschinellen Lernverfahren, vor allem dem sogenannten «tiefen Lernen», Deep Learning, auf der Basis Künstlicher Neuronaler Netze (KNN) die Entwicklung der KI.

Die letzten Jahre sind geprägt von immer mehr marktreifen Produkten, die diese Verfahren verwenden. Die Grundlagenforschung blickt schon darüber hinaus.

Die Fortschritte der KI haben auch die Robotik verändert. Zu den schweren, schnellen, aber unflexiblen Arbeitsmaschinen, die festgeschraubt an den Fließbändern der Industrie und durch Zäune oder Lichtschranken von Menschen getrennt, immer dieselben Bewegungen ausführen, sind leichtere, flexiblere Maschinen getreten. Sie können ihre Umwelt wahrnehmen, sich ihren Weg selbst suchen, ihre Handlungen in einem gewissen Umfang selbst planen. Auch Roboter profitieren von den Möglichkeiten des maschinellen Lernens, von Verfahren, sich Bewegungen bei Menschen abzuschauen oder sie in der Simulation zu erproben (siehe S. 80).

Nachdem die KI-Forschung die längste Zeit hinter den Labortüren der Wissenschaft und des Militärs stattgefunden hat, sind Anwendungen, die auf lernenden oder klassischen Verfahren beruhen, und auch der eine oder andere Roboter inzwischen im Alltag präsent. So kommen zu aktuellen Forschungsfragen, die sich mit den Möglichkeiten der lernenden Verfahren und der Überwindung ihrer Grenzen befassen, weitere Themen: Fragen nach der Interaktion von Mensch und Maschine, die Frage, wo welche Systeme zum Einsatz kommen sollen, und die nach den Auswirkungen der Verwendung algorithmischer Verfahren für den Einzelnen und die Gesellschaft. Aus einem ein wenig esoterischen Forschungsfeld ist eine Technologie geworden, die die Welt verändert.

3. Ein Blick in das Gehäuse

Künstliche Intelligenz wird in Computerprogrammen realisiert. Diese Programme laufen in den meisten Fällen auf einem «gewöhnlichen» Computer, einem sogenannten Von-Neumann-Rechner, benannt nach dem aus Österreich-Ungarn stammenden, seit 1933 in den USA arbeitenden Mathematiker John von Neumann. Typisch für diese Architektur sind die klare Trennung von Hard- und Software und der Aufbau aus getrennten Elementen wie Hauptplatine, Arbeitsspeicher, Speicher, Grafikkarte und Bus-System, das den Datenverkehr zwischen diesen Elementen organisiert.

In den Prozessoren der Hauptplatine und der Grafikkarte befinden sich eine große Anzahl identischer Bausteine, die Transistoren. Dabei handelt es sich um elektrisch leitende Körper, deren Leitfähigkeit durch Strom verändert werden kann. Durch winzige Ströme können sie wie Schalter auf durchlässig oder nicht durchlässig, an oder aus gestellt werden. Das sind die «Einsen und Nullen», die kleinste mögliche Informationseinheit. Zahlen, Buchstaben und logische Operationen wie «und», «oder» und «nicht» lassen sich durch die Kombination dieser Schalter darstellen. Solche Kombinationen oder Schaltungen werden mit anderen zu komplexen Netzwerken verbunden, die in modernen Prozessoren Milliarden von Transistoren umfassen können. Alles, was ein Computer tun soll, muss sich letztlich in eine Anweisung übersetzen lassen, die in solchen Schaltungen verarbeitet werden kann. Dieses Übersetzen erledigen sogenannte Compiler, die die in einer Programmiersprache verwendeten Befehle in eine für die Maschine lesbare Form übersetzen. Auch die Künstlichen Neuronalen Netze (KNN) werden auf solchen «gewöhnlichen» Computern berechnet, oft mit dafür spezialisierten Grafikkarten oder eigens entwickelten KI-Prozessoren, die darauf optimiert sind, einfache gleichartige Rechenoperationen schnell in großer Zahl durchzuführen. So hat etwa Ascend 910, ein Spezialprozessor der chinesischen IT-Firma Huawei, eine Rechenleistung von 256 Teraflops, also 256 Billionen Berechnungen pro Sekunde. Forschungsrechner erreichen mit Petaflops sogar noch eine Größenordnung mehr. Wozu das nötig ist? Um die riesige Anzahl von Parametern eines KNN in Trainingsprozessen wieder und wieder neu zu berechnen (siehe S. 33).

Obwohl der Computer immer wieder mit dem Gehirn verglichen wird, ist seine Architektur eine deutlich andere. Das

Gehirn kennt keinen zentralen Prozessor, keinen zentralen Taktgeber, kein Herumschaufeln der Daten zwischen Prozessor und Speicher. Und während ein Superrechner so viel Strom benötigt wie eine Kleinstadt, gibt sich das Gehirn mit einem Butterbrot zufrieden, das es sich auch noch mit dem Körper teilen muss – selbst wenn es deutlich mehr abbekommt, als ihm zustünde, legte man allein seinen Anteil am Körpergewicht zugrunde. Auch die Neuronen der KNN sind keine Nervenzellen, sondern mathematische Funktionen, die die Eigenschaft von Neuronen imitieren, verschiedene Eingangssignale zu einem Ausgangssignal zu verrechnen.

Um Beschränkungen der klassischen Rechnerarchitektur zu überwinden, experimentieren Forscher in jüngerer Zeit mit neuromorphen Rechnern oder Neurocomputern, die der Architektur des Gehirns näher kommen. Genau genommen sind diese Maschinen, wie etwa «SpinNaker» an der Universität Manchester und «BrainScaleS» an der Universität Heidelberg, keine Rechner; denn statt das neuronale Geschehen in Berechnungen umzuwandeln, verwenden sie Schaltkreise, die dieses imitieren. Manche dieser Schaltkreise verhalten sich ähnlich wie Neuronen, andere wie Synapsen. Diese Systeme kennen, wie das Gehirn, keine scharfe Trennung zwischen Hard- und Software, sie arbeiten selbstorganisiert und können den Ausfall einzelner Schaltkreise ausgleichen. BrainScaleS umfasst derzeit vier Millionen Neuronen und eine Milliarde Synapsen. Das menschliche Gehirn umfasst etwa hundert Milliarden Neuronen und hundert Billionen Synapsen.

Die neuromorphen Computer können Simulationen deutlich schneller realisieren als klassische Rechner und benötigen auch weniger Strom. Allerdings sind sie bislang für die Zufuhr und Speicherung von Daten auf klassische Rechner angewiesen. Forscher versprechen sich von dieser Architektur, zum Beispiel Lernprozesse deutlich schneller realisieren zu können. Noch befinden sich diese Rechner im Entwicklungsstadium und werden etwa im Rahmen des europäischen Human Brain Projects gefördert. Zudem gibt es Versuche, Künstliche Neuronale Netze und neuromorphe Architekturen zu kombinieren. Chinesischen

Forschern gelang es mit einer solchen hybriden Architektur kürzlich, ein Fahrrad zu steuern.[7]

Quantencomputer funktionieren wiederum ganz anders als das Gehirn und als klassische Rechner. Statt mit Transistoren arbeiten sie mit Qbits, deren Interaktionen in Wellenfunktionen beschrieben werden können, die alle möglichen Zustände der einzelnen Qbits enthalten. Damit wächst die Rechenleistung der Quantencomputer mit der Anzahl der Qbits exponentiell an. Allerdings wissen Forscher nicht, wie weit sich dies ausdehnen lässt und ob sich die Qbits, wenn es zu viele werden, nicht wiederum klassisch verhalten. Ende 2019 stellte Google einen Quantencomputer mit 53 funktionsfähigen Qbits vor und behauptete, damit die «Quantenüberlegenheit» erreicht zu haben. Diese besteht darin, ein Problem zu lösen, das ein konventioneller Rechner nicht mehr lösen kann. Ob dies zurecht reklamiert wird, ist derzeit offen. Sicher ist, dass die Quantencomputer erst am Anfang ihrer Entwicklung stehen. Die Forschung in den nächsten Jahren wird zeigen, ob sie leisten, was man sich von ihnen verspricht: noch viel komplexere Simulationen zu berechnen, als es heute möglich ist, und damit etwa neue Materialien oder Medikamente zu entwickeln – oder aber sämtliche derzeit für sicher gehaltenen Verschlüsselungen zu knacken. Auch, ob sie Einfluss auf die Weiterentwicklung des maschinellen Lernens nehmen werden, ist noch nicht absehbar.

Während die transistorbasierte Technologie vermutlich bald an physikalische Grenzen der weiteren Verkleinerung und Verdichtung stoßen wird, entstehen also in der Computertechnik verschiedene neue Ansätze, von denen sich noch erweisen muss, wie sie eingesetzt werden können. Vermutlich werden die klassischen Rechner auf absehbare Zeit die gängigen Computer bleiben – der Quantencomputer etwa ist schon wegen der extrem niedrigen Temperaturen, die er benötigt, als Schreibtischgerät wenig geeignet. Daneben könnten sich Spezialmaschinen für unterschiedliche Anwendungen etablieren.

4. Der Werkzeugkasten der Künstlichen Intelligenz

Künstliche Intelligenz besteht, wie bereits erwähnt, nicht nur aus maschinellem Lernen, vielmehr haben die Forscherinnen und Forscher den Werkzeugkasten der KI in den letzten Jahrzehnten reich bestückt. Zu den wichtigsten Methoden der KI gehören die Suche, die Wissensrepräsentation und -verarbeitung, das automatische Schließen und Beweisen, Problemlösung und Planung und auch das maschinelle Lernen.

Der Algorithmus. Ein grundlegender Begriff nicht nur der KI, sondern der gesamten Informatik ist der Algorithmus. Der Name geht zurück auf den arabischen Mathematiker Mohammed al-Khwarizmi, der im 9. Jahrhundert ein Lehrbuch verfasste, mit dem er die Null in das arabische Zahlensystem einführte. Bei der Übertragung dieses Werks ins Lateinische verselbständigte sich der Name des Verfassers. Ein Algorithmus ist heute erst einmal eine Anleitung, die beschreibt, wie man ein Ziel Schritt für Schritt erreicht. Er wird oft in Analogie mit einem Backrezept erklärt, ein guter Algorithmus ist jedoch allgemeiner, er zeigt nicht nur, wie aus Mehl, Quark, Zucker, Butter und Eiern ein Käsekuchen entstehen kann, sondern wie sich generell aus verschiedenen Zutaten Kuchen zubereiten lässt. Ein Algorithmus erlaubt es, einen Problemlösungsprozess zu automatisieren. Der Mensch, der das Rezept befolgt, muss nicht jedes Mal neu darüber nachdenken, wie er einen Kuchen zustande bringen könnte. Ebenso kann der Computer den Algorithmus Schritt für Schritt abarbeiten, ohne dass er verstehen müsste, womit er es gerade zu tun hat, und wird trotzdem zum richtigen Ergebnis kommen. Schließlich soll ein Algorithmus ein System auch befähigen, in einer angemessenen Zeit mit einer Berechnung fertig zu werden.

Ein Programm ist ein Algorithmus, gefasst in eine Programmiersprache, wobei die Begriffe «Algorithmus» und «Programm» nicht immer klar unterschieden und manchmal austauschbar verwendet werden. Die in der KI verwendeten Algorithmen sind heute so vielfältig wie die zu lösenden Probleme. Manche sind sehr einfach, andere umfassen Millionen Zeilen und werden schon längst nicht mehr von Hand geschrieben, sondern aus Programmblöcken zusammengesetzt; andere Algorithmen helfen dann bei ihrer Erstellung und der Prüfung ihrer Konsistenz. Diese Komplexität der Algorithmen ist eine Herausforderung: zum einen, weil sie es schwer macht nachzuvollziehen, was in einem System genau vor sich geht, zum anderen, weil sich mit zunehmender Komplexität Unstimmigkeiten und Widersprüche einstellen können.

Repräsentieren, suchen, schließen. Ohne Daten ist ein Algorithmus machtlos. Diese Daten müssen aus unterschiedlichsten Quellen, etwa Texten, Bildern oder Tonaufzeichnungen, gesammelt und in eine Form gebracht werden, mit der ein Algorithmus arbeiten kann. Für die klassische Programmierung müssen sie so dargestellt werden, dass sie die Struktur der Welt widerspiegeln. So muss etwa klar sein, dass Beziehungen wie «Vater von» oder «enthält» richtig verwendet werden; dass der Wal unter die Säugetiere, die Säugetiere unter die Wirbeltiere gefasst werden; dass «Flügel», «Federn» und «fliegen» mit «Vogel», «Flügel» und «fliegen», nicht aber «Federn» auch mit «Flugzeug» in Zusammenhang gebracht werden können. Am besten sollten diese Repräsentationen zudem eindeutig sein, also etwa Sitzbänke von Geldhäusern unterscheiden.

Zudem müssen die Daten gut zu durchsuchen sein, und das Programm sollte Schlüsse aus ihnen ziehen können: Wenn Wirbeltiere Tiere sind, sind Wale auch Tiere. Die Wissensrepräsentation ist daher ein wichtiges Arbeitsfeld der KI, in dem Forscher unterschiedliche Formate entwickelt haben, um Daten zu organisieren – etwa in Tabellen, Hierarchien, Netzwerken, Skripten oder Wenn-dann-Regeln. Welche Form der Wissensrepräsentation man verwendet, hängt von der Art der Daten ab, die zur Verfügung stehen, und von dem zu lösenden Problem.

Strukturierte Daten, also solche, welche die Information, wohin sie in einer solchen Ordnung gehören, schon mitbringen, sind leichter zu verarbeiten als unstrukturierte Daten. In einer E-Mail etwa sind Absender und Empfänger klar angegeben, der Inhalt der E-Mail ist hingegen (für einen Algorithmus) unstrukturiert. Soll er zum Beispiel erkennen, in welcher Stimmung der Absender ist, muss man ihm zuvor angeben, anhand welcher Wörter («froh», «gespannt», «traurig», «niedergeschlagen») man dies erkennen kann.

Auf der Suche nach der richtigen Lösung für ein Problem muss ein Algorithmus die unterschiedlichen infrage kommenden Möglichkeiten betrachten und bewerten. Kriterien sind neben der Qualität der Problemlösung auch die Zeit und der Rechenaufwand, die nötig sind, um zu dieser Lösung zu kommen. Je nach Aufgabenstellung kann es sinnvoller sein, sich mit einer Lösung zufriedenzugeben, die zwar nicht optimal ist, dafür aber schnell zu bekommen, als lange nach der perfekten Lösung zu suchen. Dies gilt vor allem für Fälle, in denen nicht einmal sicher ist, ob überhaupt eine optimale Lösung existiert.

Ein bis heute zentrales Suchverfahren ist die Baum-Suche. Dabei wird ein Problem so notiert, dass man sich durch verschiedene mögliche Entscheidungen zur Lösung vorarbeiten kann. Die Wurzel eines solchen Baums (die Ausgangsfrage) befindet sich oben; von diesem Anfang führen «Zweige» zu verschiedenen «Knoten», weiteren Entscheidungsmöglichkeiten. Von diesen gehen wiederum weitere Zweige ab, der Baum wird immer breiter und tiefer, bis zu den «Blättern» an den Enden der Zweige, den möglichen Antworten oder Lösungen. Angenommen, man sitzt etwas ratlos vor einem Urlaubskatalog, in dem zahlreiche Hotels, Campingplätze und Ferienwohnungen angeboten werden, und möchte entscheiden, wohin die nächste Reise gehen soll. Diese Angebote bilden die Blätter des Entscheidungsbaumes. Aber welches soll es sein? Man könnte zuerst fragen: Soll es ans Meer gehen oder in die Berge? Wenn man entschieden hat, dass es die Berge sein sollen, kann man weiter fragen: Alpen oder Eifel? Die Alpen sollen es sein. Aber wie übernachten: Hotel oder Ferienwohnung oder Wohnmobil oder

Zelt? Am Ende dieser Entscheidungskette stünde dann ein bestimmtes Angebot.

Die einfachste Suchstrategie besteht nun darin, für jede Entscheidung den Baum komplett nach dem besten Zug zu durchsuchen. Bei einem Reisekatalog mag das gehen. Bei komplexen Problemen wie dem Schachspiel ist das aber gar nicht möglich. Das Spiel ist zu komplex, um einen vollständigen Entscheidungsbaum aufzustellen und zu durchsuchen. Also gilt es, die Suche möglichst klug einzuschränken. Wie bei dem alltäglichen Problem des verlegten Autoschlüssels gilt: Wenn ich weiß, wo die Lösung, also der Schlüssel, nicht sein kann (im Keller, auf dem Dachboden ...), brauche ich dort auch nicht zu suchen. Je mehr über ein Problem bekannt ist, desto intelligenter kann man einen solchen Suchbaum «beschneiden», also entscheiden, wo gar nicht erst gesucht werden muss. Das ist die informierte Suche. Sie benötigt freilich eine Wissensbasis, d. h., das Wissen über das Problem, muss dem Algorithmus zur Verfügung stehen.

Hat man keine Informationen, um den Suchraum einzuschränken, kann man sich behelfen, indem man zum Beispiel einen ganzen Wald von zufällig beschnittenen Bäumen durchsucht und dann einen Mittelwert bildet: das ist der Random Forest, der zufällige Wald. Die Suche nach solchen intelligenten Abkürzungen ist Sache der Heuristik. Anders als ein Algorithmus, der klar sagt, was zu tun ist, ist die Heuristik ein Ausprobieren, ein geschicktes Raten, das man in den Fällen verwendet, in denen man keinen Algorithmus kennt, um das Problem zu lösen.

Um einen Lösungsweg zu planen, vergleichen Algorithmen den erwünschten Zielzustand mit dem aktuellen Zustand und versuchen, die Differenz zwischen beiden zu verringern. Auch hier gilt es, den Raum der möglichen Lösungen etwa in einem Suchbaum klug zu durchmustern, entweder «rückwärts», vom Ziel ausgehend, oder «vorwärts», auf das Ziel hin. Entweder «in einem Rutsch» oder indem ein Problem in Teilprobleme zerlegt wird.

Neben der Wissensrepräsentation, dem Suchen und dem Planen ist das automatische Schließen ein zentraler Teilbereich der

KI: Klassische logische Schlussfolgerungen, aber auch die mehr am menschlichen Denken orientierten Verfahren des fallbasierten Schließens fallen in diese Kategorie. Dabei werden bereits gelöste Probleme und der Prozess der Problemlösung gespeichert und für neue Probleme wiederverwendet.

Diese «klassischen Verfahren» der KI stehen aktuell im Schatten des maschinellen Lernens, sind aber nach wie vor für viele Anwendungen zentral. Sie liefern oft sparsamere Lösungen als die lernenden Verfahren, das heißt, sie benötigen weniger Rechenleistung und funktionieren auch in Bereichen, in denen keine großen Datenmengen vorhanden sind. Zudem ist oft leichter nachzuvollziehen, wie ein solches System zu einer Lösung kommt. Die klassischen Verfahren haben in der KI also nach wie vor ihren Platz: in Forschung und Anwendung, in Kombination mit lernenden Verfahren oder allein.

Wie Maschinen lernen.   Lernen ist ein zentraler Aspekt von Intelligenz, es ermöglicht Flexibilität und Verbesserung. Das gilt für Menschen und es gilt auch für Maschinen. Erst Maschinen, die in der Lage sind, sich auf Veränderungen einzustellen, werden als intelligent gelten können. Doch auch wenn hier, wie so häufig in der KI, für Mensch und Maschine derselbe Begriff verwendet wird – das menschliche Lernen inspiriert die Forschung, doch das maschinelle Lernen ist keine Kopie der Vorgänge im Gehirn, sondern allenfalls grob daran orientiert. Das liegt zum einen daran, dass gar nicht genau genug bekannt ist, wie das Gehirn lernt, zum anderen daran, dass sich auch Verfahren, die wenig menschenähnlich lernen, als sehr effizient erwiesen haben. Und schließlich müssen Menschen und Maschinen nicht dieselben Dinge lernen. Das Auswendiglernen etwa, mit dem sich Schüler durch Gedichte, Formeln und Vokabeln plagen, kann sich eine Maschine sparen. Sie bekommt die Daten einfach in den Speicher geladen.

Technisch geht es beim maschinellen Lernen um eine Optimierung: Ein Algorithmus lernt durch Beispiele und Versuche, ein Problem möglichst gut zu lösen. Das maschinelle Lernen ist die Methode der Wahl, wenn keine Regel bekannt ist, mit der man das Problem lösen könnte, stattdessen aber Beispiele, also Daten, mit denen ein solcher Algorithmus lernen kann.

Lernverfahren kommen zum Beispiel zum Einsatz, wenn Händler wissen möchten, welche Kunden sich für welche Waren interessieren, wenn Kreditinstitute einschätzen wollen, wie hoch das Risiko ist, dass ein Kunde den Kredit nicht bedient, oder wenn es darum geht, Spam-Nachrichten von seriösen E-Mails zu unterscheiden. Statt einfach eine Liste aller bislang eingegangenen Spam-Nachrichten aufzustellen und diese für die Zukunft zu sperren, kann ein lernendes System typische Merkmale solcher Nachrichten erfassen und so nicht nur solche wiedererkennen, die es schon gesehen hat, sondern auch auf neue reagieren. Lernende Systeme können einen Normalzustand erfassen und erkennen, wenn das Geräusch, das eine Maschine im Betrieb macht, sich verändert, was darauf hindeuten könnte, dass sie gewartet werden muss. Mithilfe von maschinellem Lernen lassen sich Verkehrsschilder, Hausnummern und Personen erkennen, antike Vasen sortieren und gesprochene Sprache in Text verwandeln.

Lernverfahren liefern nicht die eine perfekte Lösung, sondern eine möglichst gute Näherung. Ihre Ergebnisse sind immer nur mit einer gewissen Wahrscheinlichkeit richtig. Sie werden bei Problemen verwendet, bei denen die Lösung aus der Betrachtung vieler Einzelfälle mit einer gewissen Wahrscheinlichkeit erschlossen werden kann. So hängt das Einkommen, das jemand erzielt, mit dem Schulabschluss zusammen, den sie erreicht hat. Wer ein Studium abgeschlossen hat, verdient meistens mehr als jemand mit Hauptschulabschluss. Dennoch gilt dieser Zusammenhang keineswegs immer, kann also nicht einfach in einer Wenn-dann-Regel festgelegt werden. Ähnliches gilt für den Zusammenhang von Alter und Größe einer Person oder der Lage und Größe einer Immobilie und ihrem Kaufpreis. Nun kommt es beim Kauf einer Immobilie auf viel mehr Faktoren an als nur ihre Lage und ihre Größe. Auch Alter, Zustand und Grundstücksgröße fließen in den Preis ein. Solche Zusammenhänge können Lernalgorithmen erfassen, wenn sie genug Beispiele bekommen.

Aus dem Zoo der Lernverfahren. Im Bereich des maschinellen Lernens gibt es wiederum ganz verschiedene Verfahren für die unterschiedlichen Arten von Problemen. Bei der linearen Regression geht es darum, aus Angaben, die man bereits besitzt, möglichst gute Schlüsse zu ziehen: Wenn ich weiß, wie Ölpreis und Fördermenge in den letzten Jahren zusammenhingen, was kann ich dann über den zukünftigen Ölpreis sagen, wenn ich von einer bestimmten Verringerung der Fördermenge erfahre? In einem Koordinatensystem werden beide Variablen eingetragen. Die Frage ist nun: Welche Gerade gibt das Verhältnis der Daten am besten wieder? Die Antwort lautet: diejenige, die mit dem geringsten Abstand zu den einzelnen Punkten durch das Koordinatensystem gelegt werden kann. Von dem Algorithmus, der die Lage dieser Geraden berechnet, sagt man, er habe das Verhältnis der Daten zueinander gelernt. Linear bedeutet, dass der Zusammenhang der Daten proportional ist. Wenn ich für ein Brötchen 30 Cent bezahle, dann bezahle ich für zwei Brötchen 60 Cent und für zehn drei Euro.

Der viel verwendete Nächste-Nachbar-Algorithmus dient hingegen der Klassifikation. Bei der Klassifikation geht es nicht um konkrete Zahlenwerte, sondern darum, Daten bestimmten Klassen zuzuordnen, etwa ein Tier auf der Weide den Schafen oder den Ziegen. Der Nächste-Nachbar-Algorithmus rechnet neue Daten derjenigen Kategorie zu, zu der die nächstgelegenen Datenpunkte gehören. Befinden sich auf einer Wiese Schafe und Ziegen, wird der Algorithmus ein neues Tier, das sich neben einige Ziegen stellt, als Ziege betrachten, ohne sich näher mit dessen Eigenschaften zu befassen (nicht ganz zufällig rechnet man diesen Algorithmus unter die «faulen» Lernverfahren).

Ein weiteres Klassifikationsverfahren ist die Support-Vector-Maschine. Dabei handelt es sich nicht um eine Maschine, sondern um einen Algorithmus, der Daten (etwa Hunde- und Katzenbilder) in Klassen einteilen kann. Support-Vector-Maschinen lernen eine solche Klassifikation, indem sie eine Grenze zwischen den Gruppen finden, sodass möglichst wenige Datenpunkte auf der falschen Seite der Grenze zu liegen kommen, also möglichst wenige Hunde den Katzen zugerechnet werden und umgekehrt.

Evolutionäre oder genetische Algorithmen hingegen imitieren einen vereinfachten Evolutionsprozess. Mögliche Problemlösungen sind die Individuen dieses Prozesses, auf die Verfahren wie Mutation und Selektion angewandt werden. Das heißt, die Problemlösungen werden geprüft und eine Anzahl der besten ausgewählt. Diese werden dann zufällig verändert, wie Mutationen Organismen verändern; bisweilen können sie auch Teile ihres «Erbguts», also ihres Programmcodes, austauschen, eine Art künstliche Fortpflanzung. Die neuen Lösungen werden wiederum geprüft und der Prozess beginnt von vorn. Mit diesem Verfahren können Programme etwa lernen, Computerspiele zu meistern.

Bayes'sche Algorithmen berechnen bedingte Wahrscheinlichkeiten. Bei einer bedingten Wahrscheinlichkeit hängt die Wahrscheinlichkeit, dass ein Ereignis eintritt, vom Eintreten eines anderen Ereignisses ab. So hängt etwa die Wahrscheinlichkeit, dass es sich bei einer E-Mail um Spam handelt, unter anderem davon ab, wie viele Spam-Mails insgesamt unterwegs sind. Bayes'sche Algorithmen können z.B. auch verwendet werden, um Hassreden oder Kinderpornografie im Internet aufzuspüren.

Und auch die Entscheidungsbäume spielen beim maschinellen Lernen eine Rolle: Bevor ein solcher Baum durchsucht werden kann, muss er erst einmal «wachsen». Bei komplexeren Problemen muss man dazu erst einmal feststellen, wie ein Problem in einem solchen Baum abgebildet werden kann, welche Entscheidungen also in welcher Reihenfolge getroffen werden sollen. Das macht entweder ein Experte oder es geschieht anhand von Trainingsdaten, bei denen man schon weiß, in welche Kategorie sie gehören. Der Baum hat dann eine gute Struktur «gelernt», wenn auch neue, ähnliche Probleme, etwa die Auswahl der Urlaubsreise des nächsten Jahres, mit seiner Hilfe gelöst werden können.

Diese (unvollständige) Liste einiger gängiger Lernverfahren soll deutlich machen, dass es neben den derzeit vieldiskutieren Verfahren des Deep Learning noch andere wichtige Lernalgorithmen gibt. Welches Verfahren man wählt, hängt von dem Ziel ab, das man erreichen möchte, und den Daten, die man zur

Verfügung hat. Zum Teil lassen sich die verschiedenen Lernverfahren auch miteinander oder mit klassischen Programmierweisen kombinieren.

Lernen mit Künstlichen Neuronalen Netzen. Das Lernverfahren, das zurzeit am meisten von sich reden macht, ist das «tiefe Lernen», das Deep Learning auf der Basis Künstlicher Neuronaler Netze (KNN). Die Fortschritte, die bei diesen Verfahren in den letzten Jahren erzielt wurden, haben es möglich gemacht, sie in ganz unterschiedlichen Bereichen einzusetzen und dabei oft erstaunlich gute Resultate zu erzielen.

Ein Künstliches Neuronales Netz simuliert einige Eigenschaften natürlicher Neuronenverbände im Computer. Die Fähigkeit der Neuronen, Eingangssignale zu akkumulieren, bis ein Schwellenwert erreicht ist, und erst dann ein Signal an andere Neuronen weiterzugeben, wird dabei als mathematische Gleichung nachgebildet. Auch der Aufbau der Hirnrinde aus mehreren übereinanderliegenden Schichten wird in einem KNN nachgebildet. Ein KNN besteht also aus mathematisch simulierten, in Schichten angeordneten Neuronen und den Verbindungen zwischen diesen. Diese Verbindungen haben ein bestimmtes Gewicht, d. h, sie tragen nicht alle gleichermaßen zum Ergebnis bei. Die Verbindung von einem Neuron in der ersten Schicht zu einem in der zweiten mag etwa das Signal verdoppeln, die Verbindung zum Nachbarneuron das Signal halbieren. KNN werden nicht programmiert, sie werden trainiert: Sie starten mit zufällig verteilten Gewichtungen der Verbindungen zwischen den künstlichen Neuronen und rütteln sich im Lauf des Trainingsprozesses ihre Feinstruktur, also die genauen Gewichte dieser Verbindungen, selbst zurecht. Wenn ein KNN arbeitet, tut der Computer, auf dem es läuft, was er immer tut: Er berechnet Gleichungen.

Das Perzeptron, das Frank Rosenblatt in den 1950er Jahren entwickelte, hatte nur eine einzige Schicht solcher simulierter Neuronen. 1975 präsentierte Kunihiko Fukushima mit dem Cognitron das erste mehrschichtige KNN. Moderne KNN können hunderte Schichten mit Millionen von Neuronen umfassen.

Zwischen der Eingabeschicht, die die Daten aufnimmt, etwa die Pixelwerte eines Hundebildes, und der Ausgabeschicht, die das Ergebnis liefert – ein Hund! –, liegen die sogenannten versteckten Schichten, in denen die Berechnung abläuft. Die Anzahl der Schichten steht für die Tiefe, die Anzahl der Neuronen pro Schicht für die Breite des Netzwerks. Das optimale Verhältnis von Breite und Tiefe für ein zu lösendes Problem zu finden, gehört zu den Herausforderungen beim Design der KNN. Auch dies kann manchmal ein Algorithmus übernehmen. Eine allgemeine Theorie der lernenden Systeme, aus der dies abzuleiten wäre, steht allerdings noch aus. Mit mehr Schichten und Neuronen können komplexere Klassifikationen gelernt werden, zugleich steigt allerdings der Bedarf an Rechenleistung und Trainingsdaten.

In Feedforward-Netzen läuft die Signalübertragung nur in eine Richtung, von der Eingabeschicht durch das Netzwerk zur Ausgabeschicht. Die rekurrenten oder rückgekoppelten Künstlichen Neuronalen Netze kennen zudem Verbindungen zwischen den Neuronen einer Schicht, Verbindungen, die zur vorigen Schicht zurückführen, und solche, die von einem Neuron ausgehen und zu ihm selbst zurückführen. Ihre wichtigste Form ist die Long Short-Term Memory Technik (LSTM).[8] Diese Netzwerke haben den Vorteil, dass sie über die Rückkopplung eine Art Gedächtnis realisieren können. Damit eignen sie sich für Aufgaben, bei denen es hilft, zeitliche Abfolgen zu berücksichtigen, etwa bei der Spracherkennung oder der Übersetzung. Denn dabei reicht es eben nicht, ein Wort nach dem anderen abzuarbeiten und das vorige schon wieder zu vergessen, vielmehr bestimmt der Kontext mit, wie ein Wort zu übersetzen ist.

Das derzeit am meisten verwendete Verfahren ist das überwachte Lernen. Dazu benötigt man zuerst einmal viele annotierte Daten, also etwa Hunde- und Katzenbilder, an denen bereits dransteht, was auf den Bildern jeweils zu sehen ist. Man teilt diese Daten in einen Satz Trainings- und einen Satz Testdaten. Dann bekommt das noch untrainierte, mit zufällig verteilten Gewichtungen startende Netzwerk die Trainingsdaten Stück für Stück als Input und soll diese einer oder mehreren

Kategorien zuordnen: Hund oder Katze? Die ersten Versuche werden wegen der zufällig verteilten Gewichtungen naturgemäß zu schlechten Ergebnissen führen. Der Fehler wird ermittelt und über ein Verfahren namens Backpropagation an das Netzwerk zurückgemeldet. Daraufhin werden die Gewichtungen der Verbindungen zwischen den künstlichen Neuronen abhängig von ihrem Einfluss auf das Ergebnis ein wenig verändert. Dann startet der nächste Trainingslauf. (Das Backpropagation-Verfahren wurde zur Optimierung der KNN entwickelt und ist nicht dem Gehirn abgeschaut. Ob es dazu in der Funktionsweise des Gehirns eine Entsprechung gibt, ist umstritten.)

Typischerweise sind auch die Ergebnisse eines trainierten Netzwerks nicht ganz sicher. Es kommt etwa zu dem Ergebnis, dass auf einem Bild zu 95 Prozent ein Hund zu sehen ist, zu fünf Prozent eine Katze. Der Programmierer oder Anwender muss bestimmen, welche Fehlerquote für einen konkreten Anwendungsfall akzeptabel ist.

Schicht für Schicht setzt ein solches KNN aus den Eingabedaten eine Repräsentation zusammen: Die erste Schicht erkennt typischerweise nur Ränder oder Kanten und ihre Ausrichtung, die zweite, wie diese sich zu Formen zusammenfügen, die dritte setzt Teile eines Bildes aus Kombinationen dieser Aspekte zusammen. Nach und nach wird das Bild detaillierter, Augen, Köpfe und Flügel tauchen auf, und zuletzt entscheidet das System, welcher von mehreren vorgegebenen Kategorien es ein Bild zuschlägt. Was das System in welcher Schicht erkennt, hat kein Programmierer vorgegeben, es lernt durch Versuch und Rückmeldung über die Qualität der Lösung. Wird dieser Trainingsprozess oft genug und mit ausreichend Daten wiederholt, wird das System lernen, worauf es achten und was es nicht berücksichtigen muss, um die Aufgabe zu lösen, und schließlich nicht nur die Daten, mit denen es trainiert wurde, sondern auch solche, die es zuvor nicht gesehen hat, klassifizieren können. Um dies zu prüfen, wird der zweite Teil des Datensatzes verwendet. Ein solches trainiertes KNN nennt man ein Modell.

Die Lösung des Problems, Hunde von Katzen zu unterscheiden, hat also die Form eines trainierten KNN. Die KNN gehören damit zu den subsymbolischen Verfahren, das heißt, ihre Ergebnisse haben eine Form, die Menschen nicht nachvollziehen können. KNN werden deshalb auch als Black-Box-Systeme bezeichnet. Das Problem ist nicht, dass man nicht in diese «schwarze Kiste» hineinschauen könnte oder dürfte. Das Problem ist, dass einem das, was man darin sieht – eine lange Liste nichtlinearer Gleichungen –, nicht dabei hilft, zu verstehen, wie das System zu seinem Ergebnis gekommen ist. Die Antwort auf die Frage, wie man Hunde von Katzen unterscheidet, steckt in der Struktur des trainierten Netzwerks. Sie hat nicht die Form einer Erklärung oder Begründung, wie wir sie von Menschen kennen.

Ein gutes KNN ist sicher darin, Daten den gewünschten Kategorien zuzuordnen. Es ist weder zu empfindlich noch zu unempfindlich gegenüber Variationen in den Daten. Und es ist sparsam, was die Zeit, die Menge an Daten und die Hardware angeht, die man zum Trainieren benötigt.

Ein KNN lernt also im Training etwas, das wir nicht in Regeln fassen können – etwa, was einen Hund von einer Katze unterscheidet, wie man ein Stoppschild, eine handgeschriebene Zahl oder ein menschliches Gesicht erkennt oder wie sich eine Maschine im Normalbetrieb anhört. Diese Art des Lernens heißt «überwacht», weil während des Trainingsprozesses stets bewertet werden muss, ob das erzielte Ergebnis richtig ist. Das heißt auch, es müssen nicht nur die Eingabedaten vorhanden sein, auch das Ergebnis muss feststehen. Das System lernt «nur», wie es möglichst gut vom einen zum anderen kommt, und kann diese Fähigkeit dann auf neue Daten anwenden, die den Trainingsdaten ähnlich genug sind. Es kann, außer der Klassifikation neuer Daten, keine neuen Erkenntnisse produzieren.

Das allein ist in vielen Fällen, etwa bei der Bild- und Sprachverarbeitung, bereits ausgesprochen hilfreich. Aber es wäre natürlich schön, wenn ein KNN auch ohne menschliche Zielvorgaben lernen und damit vielleicht ganz neue Erkenntnisse gewinnen könnte. Dies leistet das unüberwachte *(unsupervised)* Lernen, manchmal auch selbstüberwachtes *(self-supervised)* Lernen genannt. Dabei bekommt das System das Ergebnis nicht vorgegeben, sondern sucht selbst in Daten nach auffälligen Strukturen. Unüberwachte Lernverfahren können etwa Wörter ausfindig machen, die in Texten besonders häufig genannt werden, und so Trends in sozialen Medien aufspüren. Sie können ähnliche Bilder oder Texte zu denselben Themen zusammenstellen. Sie können Kundengruppen ausmachen, die nach dem Griff zum Suppenbund zuverlässig zur Fleischtheke gehen, um auch Suppenfleisch in den Einkaufswagen zu legen. Wichtig ist dieses sogenannte Clustering auch für die Vorverarbeitung von unstrukturierten Daten für das überwachte Lernen. Da das Ergebnis beim unüberwachten Lernen nicht vorgegeben ist, muss natürlich geprüft werden, ob es überhaupt für das zu lösende Problem von Interesse ist.

Auch die GANs, die Generative Adversarial Networks, sind eine Form des unüberwachten maschinellen Lernens.[9] Sie bestehen aus zwei KNN, die gegeneinander arbeiten. Das eine Netzwerk, der Generator, produziert Daten mit ähnlichen Eigenschaften wie seine Trainingsdaten. Das zweite, der Diskriminator, bewertet diese Daten und versucht, sie von den echten Trainingsdaten zu unterscheiden. Soll das Netzwerk etwa ein möglichst realistisches Bild produzieren, versucht das Generator-Netzwerk, Bilder zu generieren, der Diskriminator, sie von originalen Fotos zu unterscheiden. Wenn ihm dies gelingt, muss der Generator nachbessern. So schaukeln sie gemeinsam die Qualität ihrer Lösungen in die Höhe, ohne dass ein Mensch mit seiner Rückmeldung eingreifen müsste. Auf diese Weise können GANs z. B. Bilder von Menschen generieren, die von Fotos kaum zu unterscheiden sind – nur dass es die Menschen auf diesen Bildern nicht gibt. Die Website thispersondoesnotexist.com liefert dazu eindrückliche Beispiele. Mithilfe von GANs konnten Forscher zum Beispiel auch Melodien zu Textzeilen entwickeln.[10]

Das dritte große Lernverfahren ist das bestärkende Lernen (Reinforcement Learning): Dabei bekommt das System keine Daten, die es sortieren soll, sondern lernt durch Versuch und Irrtum eine Handlungsstrategie. Bringt eine Entscheidung das System seinem Ziel näher, bekommt es eine elektronische «Belohnung». Im Laufe des Lernprozesses optimiert das System seinen Belohnungswert und lernt so eine Strategie. Die Herausforderungen dabei: Systeme müssen einbeziehen, wie sich die Welt, in der sie agieren, durch ihre Aktionen verändert, und sie müssen unter Umständen lernen, Umwege zu machen – Entscheidungen zu treffen, die erst einmal einen Nachteil bedeuten und erst auf längere Sicht erfolgreich sind. Das Reinforcement Learning ist dem Training von Tieren abgeschaut und hat sich vor allem in der Simulation, etwa beim Lernen von Strategien für Spiele wie Schach und Go, aber auch für Computerspiele bewährt. Programme können bei solchen Spielen, weil sie in der digitalen Welt stattfinden, in sehr kurzer Zeit eine sehr große Menge an Versuchen durchführen. Sie können je nach Rechenleistung in wenigen Stunden mehr Partien oder Runden spielen als ein Mensch in seinem ganzen Leben, ja als die ganze Menschheit spielen könnte. In den beschränkten und doch komplexen digitalen Welten der Computerspiele funktioniert diese Strategie beeindruckend gut.

Eine Kombination von Reinforcement und Deep Learning ist das Deep Reinforcement Learning. Bei komplexeren Problemen ist es nicht möglich, alle ausprobierten Lösungen etwa in einer Liste zu sammeln. Stattdessen wird ein KNN darauf trainiert, diese Werte abzuschätzen. So kann es etwa angeben, dass es sich bei einer bestimmten Stellung beim Schach eher lohnt, den Turm zu bewegen als den Bauern, oder dass es in einem Computerspiel erfolgversprechender ist, die Leiter zu erklimmen, als gegen das Monster zu kämpfen. So lernte ein sogenanntes Convolutional Neural Network, eine für die Bilderkennung besonders effiziente Form von KNN, mithilfe dieses Verfahrens mehrere Atari-Spiele besser zu spielen als menschliche Spieler.[11]

Der Umgang mit Lernalgorithmen, wie sie für diese Verfahren verwendet werden, ist in den letzten Jahren einfacher geworden, trivial ist er bis heute nicht. Feature Engineering heißt der Schritt, der für das maschinelle Lernen so unverzichtbar ist wie das Sammeln der Daten, ihre Aufbereitung und das Aufsetzen, Trainieren und Testen des Modells selbst. So wie der Mensch Aufgaben mehr oder weniger geschickt angehen kann, kann man auch einem KNN seine Aufgabe leichter oder schwerer machen. Beim Feature Engineering geht es darum, das Problem so zu stellen, dass das KNN es am besten lösen kann: Welche Angaben braucht das KNN dazu? Welche kann man weglassen? Kann man Daten geschickt zusammenfassen? Kann man aus den gegebenen Daten auf Angaben schließen, mit denen das System besser lernen könnte? Das Feature Engineering ist entscheidend dafür, ob ein System effizient lernen kann, manchmal auch, ob es überhaupt anfängt, zu lernen und sich zu verbessern, oder ob es mit all seinen Versuchen immer wieder ins Leere läuft. Obwohl Forscher daran arbeiten, diesen Prozess zu automatisieren, lässt er sich bislang nur schlecht auf eine Formel bringen. Hier wird nach wie vor herumprobiert, hier ist nach wie vor die Intuition des Programmierers gefragt.

Alle drei Lernverfahren, das überwachte, das unüberwachte und das bestärkende Lernen, funktionieren deutlich anders als das menschliche Lernen. Vor allem benötigen sie viel mehr Trainingsdaten und Probeläufe. Tatsächlich ist eine der großen unbeantworteten Fragen, wie Menschen es schaffen, aus vergleichsweise wenigen Daten so effizient zu lernen. Ein Kind kann aus wenigen Bildern, vielleicht nur einem einzigen Bild einer Giraffe lernen, diese auf anderen Bildern, im Film oder im Zoo zu erkennen. Forscher gehen davon aus, dass im Laufe der Evolution erworbene Voreinstellungen unseres Wahrnehmungsapparats damit zu tun haben und natürlich die frühe Kindheit. Lange bevor Kinder Dinge mit Wörtern bezeichnen können, sehen sie sich um, betasten ihre Umgebung, hören andere Menschen Dinge bezeichnen und beobachten, wie sie mit diesen umgehen. Auch diese Prozesse sind noch lange nicht genau genug verstanden, als dass man ihre Prinzipien erkennen und diese in einem Algorithmus nachbilden könnte.

Besser lernen. Seit es genug Daten und ausreichend leistungsfähige Computer gibt, um die KNN zu trainieren, haben diese Systeme in vielen Bereichen erstaunliche Leistungen erbracht. Doch sie haben auch ihre Grenzen, die Forscher freilich immer weiter hinauszuschieben versuchen. Eine ärgerliche Eigenschaft der KNN ist, dass sie kaum dazulernen können, ohne das zuvor Gelernte zu vergessen. Natürlich kann ein System, das auf Weltmeisterniveau Schach spielt, auch Mensch-ärgere-Dich-nicht lernen, nur wird es dabei vergessen, wie man Schach spielt. Neue Trainingsläufe mit neuen Daten und einem neuen Ziel führen dazu, dass sich die gesamte Architektur des Netzwerkes verändert. Deshalb kann AlphaZero zwar Schach und Go spielen, aber nicht beides zugleich. Ein System, das auf das Erkennen von Verkehrsschildern trainiert ist, kann Gesichtserkennung lernen, nur erkennt es danach kein Verkehrsschild mehr. Ein System auf das Erkennen von Verkehrsschildern *und* menschlichen Gesichtern zu trainieren, wäre extrem aufwändig. Ein System wie Watson von IBM wird für seine Fähigkeiten als Entscheidungsunterstützer in der Medizin, als Gewinner des Fernsehquiz Jeopardy! und als Erfinder von Kochrezepten gerühmt. Dass es sich dabei um drei ganz unterschiedlich trainierte Systeme handelt, wird seltener erwähnt. Auch diese Eigenschaft, das sogenannte katastrophale Vergessen, unterscheidet das menschliche Lernen von dem der Algorithmen. Bei Menschen verhält es sich gerade andersherum: Wer eine Fremdsprache gelernt hat, kommt mit der zweiten schneller zurecht, wer schon Klavier spielen kann, wird leichter Flöte lernen. Menschen können Erlerntes auf neue Bereiche übertragen, sie scheinen im Lernprozess festzustellen, worauf es ankommt, und dann in neuen Aufgaben das Wichtige schneller zu erkennen. Dieses sogenannte Transferlernen sollen auch die Algorithmen lernen.

Dazu entwickeln Forscher KNN, bei denen es ausreicht, mit einigen wenigen Daten *(few shot learning)* nur einige wenige Schichten eines auf eine Aufgabe trainierten KNN neu zu trainieren und den Rest beizubehalten. Dies gelingt am besten bei Netzwerken, die ähnliche Aufgaben lösen sollen. Ein Netzwerk, das auf das Erkennen von Obst und Gemüse trainiert ist, lässt sich leichter auf Bilder von Fahrzeugen trainieren als auf Spracherkennung. Aber selbst in Fällen, in denen sich die ursprünglichen und die neuen Daten stark unterscheiden, benötigt ein vortrainiertes Netzwerk weniger neue Trainingsläufe als ein untrainiertes. Das katastrophale Vergessen betrifft also nicht alles, was ein KNN gelernt hat. Je nachdem, was an neuen Daten zur Verfügung steht, kann man entscheiden, wie viele Schichten eines vorhandenen Netzwerks übernommen werden können – etwa diejenigen, die ganz zuunterst die einfachsten Aspekte eines Bildes ausmachen, eine Fähigkeit, die für viele unterschiedliche Bilder relevant ist.

Gerade für kleinere Firmen, die mit KNN-Verfahren arbeiten möchten, aber nicht über große Datenmengen verfügen oder keine Fachleute finden, um ein eigenes Modell zu erstellen, kann es interessant sein, solche vortrainierten Netzwerke einzukaufen und sie dann auf ihre speziellen Bedürfnisse zuzuschneiden. AutoML, automatisches maschinelles Lernen, heißt ein wachsender Markt, auf dem Programme angeboten werden, die möglichst viele Schritte der Einrichtung eines KNN automatisieren. *Machine Learning as a Service* steht für die Möglichkeit, vortrainierte Netzwerke und andere Tools im Zusammenhang mit diesen Lernverfahren einzukaufen. Kritiker betonen allerdings, dass mit vortrainierten Netzen auch eventuelle Verzerrungen im Klassifikationsverhalten (siehe S. 51 ff.) mitgekauft werden. OpenML ist hingegen eine Open-Source-Forschungsplattform, ein «offenes Ökosystem» für maschinelles Lernen. Forscher können dort Datensets und Ergebnisse von Studien hochladen, die Daten anderer nutzen und die eigenen Ergebnisse mit denen anderer Algorithmen vergleichen.

Radikaler als das Transferlernen ist ein noch stärker am natürlichen Lernen orientierter Ansatz. Vielleicht könnten, wie es schon Turing vorschwebte, künstliche Systeme besser lernen, wenn sie die Möglichkeit hätten, Dinge zu manipulieren, wie Kinder es tun, sie zu betasten, aufzustapeln oder herumzuwerfen? Vor allem für das Lernen von kausalen Zusammenhängen versprechen sich KI-Forscher viel von diesem Ansatz. Dazu bedarf es freilich entweder eines Roboters, der in der Welt unterwegs sein kann, oder zumindest der Simulation eines solchen in einer ebenfalls simulierten digitalen Welt.

In der Tat haben Studien bereits gezeigt, dass Roboter in der Lage sind, mit Gegenständen zu experimentieren und herauszufinden, wozu man sie gebrauchen kann. So können sie zum

Beispiel lernen, dass man eine Haarbürste oder eine Wasserflasche benutzen kann, um Dinge beiseitezufegen – und dass das deutlich schneller geht, als diese Dinge einzeln zu ergreifen und an einen anderen Ort zu legen.[12] Die Hoffnung bei dieser Forschung: Ein Roboter, der diese Erfahrungen gemacht hat, wird diese Handlungsmöglichkeiten mit der Wasserflasche oder der Haarbürste assoziieren und so einen reicheren Begriff dieser Objekte bekommen. Er kann sie nicht nur erkennen, sondern hat auch «eine Idee» davon, wie man sie verwenden kann.

Auch die Entwicklungsrobotik, «Developmental Robotics», und das «Grounded Language Learning», das verankerte Sprachlernen, versuchen, Roboter mit Sensoren, Gedächtnis und der Möglichkeit, in der Welt oder in der Simulation zu handeln, auszustatten und sie wie ein Kind lernen zu lassen. Ob sie auf diesem Weg verstehen lernen, was Begriffe bedeuten, und ob sie damit an ein Weltverständnis herankommen, das dem des Menschen entspricht, ist bislang offen.

Forscher wie etwa Demis Hassabis, Mitbegründer und Chef von Googles Forschungslabor DeepMind, Yoshua Bengio von der Universität Montreal und Joshua Tenenbaum, der am MIT lehrt, sind davon überzeugt, dass sich die KI-Forschung viel stärker am Menschen, will sagen an den Erkenntnissen der Neuro- und Kognitionswissenschaften über das menschliche Gehirn und das menschliche Denken orientieren muss, um Maschinen beizubringen, besser zu lernen. Schon die Schichtenarchitektur der KNN ist dem Aufbau des menschlichen Gehirns abgeschaut, das bestärkende Lernen *(reinforcement learning)* ist von Erkenntnissen über das Lernen bei Tieren inspiriert: Tut das System, was es soll, bekommt es eine Belohnung, wie der Hund, der das Stöckchen zurückbringt. Nun arbeiten die Forscher daran, noch mehr solcher Strukturmerkmale natürlicher Intelligenz nachzubauen. Etwa einen Aufmerksamkeitsfilter: Wenn ein Mensch ein Bild betrachtet, scannt er es nicht Pixel für Pixel, sondern lenkt die Aufmerksamkeit auf bestimmte Stellen. Könnte ein System, das weiß, wo es hinschauen muss, mit weniger Bildern lernen? Würde vielleicht auch ein episodisches Gedächtnis helfen, in dem, wie im menschlichen Gedächtnis, nicht alles Erlebte, sondern nur ein als wichtig bewerteter Teil der Daten gespeichert wird? Und dann das Träumen: Mensch lernen, indem sich Erinnerungen im Schlaf wiederholen und festigen. Auch eine künstliche Neugier ist in Arbeit. Anders als beim Reinforcement-Lernen wird das System dann nicht mehr für erfolgreiche Strategien belohnt, sondern dafür, neue Regelmäßigkeiten zu entdecken. Allerdings ist die Neugier der Algorithmen bislang noch auf das beschränkt, was mit ihren Entscheidungsmöglichkeiten zusammenhängt. Neugier um des Neuen willen kennen sie noch nicht. Vielleicht ließe sich die künstliche Neugier auch mit einer künstlichen Langeweile koppeln, die das System daran hindert, sich zu lange mit Bekanntem zu befassen.

Eine andere große Baustelle: Es ist natürlich schön, wenn Algorithmen Lösungen durch Versuch und Irrtum selbst austüfteln können. Was aber ist mit dem Wissen, das Menschen über die Welt angehäuft haben? Nicht umsonst lassen wir unsere Kinder nicht einfach allein mit dem Experimentierkasten in ihrem Zimmer sitzen, sondern erklären ihnen etwas, geben Anstöße, schicken sie in die Schule.

Viele Forscherinnen und Forscher arbeiten daran, KNN effizienter lernen zu lassen, indem man ihnen Wissen über die Welt vorgibt, damit sie Dinge, die wir über die zu lösenden Probleme wissen, nicht neu lernen müssen. «Differentiable Programming» heißt ein neues Schlagwort, das für Versuche steht, Deep Learning mit anderen Programmen und Verfahren – automatisches Schließen, Repräsentation von Wissen – zusammenzubringen, um das Wissen, das in diesen Programmen codiert ist, zu nutzen. «Systems AI» steht noch allgemeiner für den Ansatz, die unterschiedlichen Methoden zu komplexen KI-Systemen zu verbinden. Auch der Mensch lernt schließlich nicht nur durch Erklärung, nur durch Ausprobieren oder nur durch Beobachten, sondern indem er alle diese verschiedenen Fähigkeiten kombiniert.

Schwarz und Weiß macht Grau: Hybride Systeme. Seit es die beiden «Schulen» gibt, das maschinelle Lernen und das klassische wissensbasierte Programmieren, wird auch diskutiert, wie beide zusammengebracht werden können. Dann ließen sich Vorteile beider Verfahren kombinieren; die lernenden Verfahren könnten ein wenig durchsichtiger werden, und man könnte sie auch dort nutzen, wo nicht genug Daten für eine Problemlösung zu finden sind, die rein auf ein lernendes Verfahren, das sogenannte *end to end learning*, setzt. Dieser Ansatz wird informiertes maschinelles Lernen *(informed machine learning)* genannt.[13]

Viele der verschiedenen Werkzeuge, die sich im Werkzeugkasten der KI-Forscher finden, lassen sich heute kombinieren. Tatsächlich kommen nur wenige Systeme mit lediglich einem Verfahren aus. So wird zwar die Bild- und Videoanalyse meist rein datengetrieben realisiert. Die meisten anderen Systeme sind hingegen Hybride. Dieser Begriff wird manchmal für das Zusammenarbeiten von natürlicher und künstlicher Intelligenz verwendet, zumeist steht er für künstliche Systeme, die verschiedene Verfahren kombinieren.

Das IBM-System Watson etwa benutzt Module zur Sprachanalyse und verschiedene Hypothesengeneratoren, deren Ergebnisse von unterschiedlichen Algorithmen geprüft werden, nebeneinander. Ein lernendes System wird dabei darauf trainiert, welcher Beitrag wie stark zu gewichten ist. Hunderte mögliche Antworten werden nach Tausenden von Kriterien überprüft, bis nur noch eine übrig bleibt, bei der sich das System hinreichend sicher ist. AlphaGo, das Programm, das 2016 so spektakulär den Go-Profi Lee Sedol besiegte, kombiniert ein Regelnetzwerk, ein Bewertungsnetzwerk und ein Verfahren der Baumsuche. Auch AlphaStar, das jüngst Schlagzeilen machte, weil es in dem komplexen Strategiespiel Starcraft 2 mit den besten menschlichen Spielern mithalten kann, kombiniert verstärkendes Lernen mit Imitationslernen und Lernverfahren für Multiagentensysteme, also Algorithmen, die mehrere Agenten steuern, die sich jeweils ihre Ziele suchen.[14]

Auch bei «intelligenten» Lautsprechern wird Alexa oder Google Home wird die Spracherkennung mit KNN realisiert, die Analyse des Sinns des Gesagten hingegen mit Wissensgraphen. Das sind riesige Sammlungen von Begriffen und ihren möglichen Verbindungen: Ein Stuhl ist zum Sitzen da, hat vier Beine oder auch nur drei … Diese Wissensgraphen lassen sich heute zum Teil automatisch erstellen, etwa indem Algorithmen den Verlinkungen folgen, die Dokumente im Internet verbinden. Je spezieller die Einsatzgebiete werden, desto stärker muss allerdings der Mensch aushelfen und Wissen von Hand modellieren. Nachdem die Antwort auf eine Frage in solchen Wissensgraphen gefunden ist, kommt für die Sprachausgabe dann wieder ein KNN zum Einsatz.

Wo wissensbasierte Programmierung (White Box) und lernende Verfahren (Black Box) zusammenkommen, spricht man auch von Grey-Box-Systemen: nicht ganz durchsichtig, aber immerhin ein bisschen. Wissen in den Lernprozess einzubeziehen, soll das Lernen beschleunigen. Was man schon weiß, muss man nicht noch einmal von der Maschine erarbeiten lassen. Und es soll die lernenden Systeme in der Anwendung, vor allem in der Industrie, sicherer machen. Denn wenn man den Systemen Wissen mitgibt, kann man sicher sein, dass sie es besitzen – statt darauf zu setzen, dass sie schon das Richtige gelernt haben werden. Damit hofft man auch, die «semantische Lücke» zu schließen: das Phänomen, dass nur anhand von Daten trainierten Modellen immer wieder seltsame Fehler unterlaufen, weil sie scheinbare Selbstverständlichkeiten – etwa: Alle Dinge fallen nach unten – dann doch nicht gelernt haben.

In solchen hybriden Systemen wird mithilfe von wissensbasierten Verfahren ein Rahmen abgesteckt, innerhalb dessen ein lernendes System seine Leistung dann optimieren kann. So können einem KNN etwa Konfigurationen vorgegeben werden: Bestimmte Verbindungen müssen oder dürfen nicht existieren. Oder man gibt vor, dass bestimmte Parameterwerte gar nicht erst getestet werden müssen, weil sie absehbar zu unsinnigen Ergebnissen führen würden. Experten können auch Trainingsdaten gezielt so generieren und einsetzen, dass bestimmte Dinge gelernt werden; etwa indem Systeme, deren Aufgabe das Durchforsten von Geschäftsberichten ist, mit Wirtschaftstexten trainiert werden, in denen die zentralen Begriffe vorkommen, auf die der Algorithmus zu achten hat. Auch bei Robotern, die Bewegungen erlernen sollen, kann man mathematisch modellieren, dass die Bewegung etwa nur an bestimmten Stellen und nur bis zu einem bestimmten Wert beschleunigt werden darf. Diese Gleichungen werden dann als Randbedingungen im Trainingsprozess mitberücksichtigt. Lernschritte, die diesen Vorgaben nicht entsprechen, sind unzulässig.

Viele der verschiedenen Verfahren des maschinellen Lernens liegen schon eine ganze Weile im Werkzeugkasten der KI, doch ihre Leistungsfähigkeit ist erst in den letzten Jahren so angestiegen, dass sie in der Praxis Verwendung finden konnten. Die lernenden Verfahren sind heute mächtige Werkzeuge mit großem Potential, aber auch mit Schwachstellen, die es im Blick zu halten gilt, wenn es darum geht, zu entscheiden, wo welche Verfahren angewandt werden dürfen oder sollen. Auch wenn sie oft als «selbstlernend» bezeichnet werden, lernen sie, wie wir gesehen haben, keineswegs einfach so von selbst, sondern sind nach wie vor auf viel menschliche Zuarbeit angewiesen – bei der Definition des Ziels, der Vorbereitung der Daten, dem Lernprozess, der Bewertung und auch bei der Darstellung der Ergebnisse.

5. Nachteile und Risiken der lernenden Algorithmen

Seit die Digitalisierung genug Daten produziert, um lernende Verfahren zu trainieren, seit Computer leistungsfähig genug sind, um diese Trainingsläufe in KNN zu berechnen, die Millionen von Parametern umfassen, und seit die Algorithmen entwickelt wurden, die diese Lernprozesse steuern können, hat das maschinelle Lernen einen Qualitätssprung erfahren. In vielen Bereichen, von denen man es nicht unbedingt erwartet hätte, etwa in der Übersetzung, stellt es die herkömmlichen Verfahren längst in den Schatten. In immer neuen Bereichen wird erprobt, ob maschinelles Lernen zum Einsatz kommen kann. Dank der neuen lernenden Verfahren erlebt die KI gerade einen Hochsommer. Doch diese Verfahren haben auch ihre Nachteile und bringen Risiken mit sich.

Daten, Daten, Daten. Da ist zum einen ihr Datenhunger. Gibt es nicht genug Daten, lernen Algorithmen nicht, von den einzelnen Beispielen abzusehen und zu «generalisieren». Das heißt: Sie können neue, unbekannte Daten nicht richtig einsortieren. Etwa so, wie ein Schüler, der Aufgaben auswendig lernt, ohne sie zu verstehen, bei neuen Aufgaben ratlos ist. Wie viele Daten man benötigt, um ein KNN zu trainieren, lässt sich nicht so einfach angeben. Je größer das Netzwerk und je komplexer die Daten sind, desto mehr Daten sind nötig. Um zwei Kategorien nicht allzu komplizierter Daten zu unterscheiden, können 1000 Daten pro Kategorie reichen, in komplexeren Fällen kann es ein, dass Millionen Daten nötig sind.

Diese Daten muss man erst einmal sammeln. Für das überwachte Lernen müssen diese Daten zudem annotiert sein, d. h., jemand muss sie ansehen und mit einem Etikett versehen, was darauf zu sehen ist. Das ist teuer, fehleranfällig und wird häufig von minimal bezahlten Crowdworkern in Niedriglohnländern erledigt.

In manchen Bereichen, etwa der Meteorologie oder der Elementarteilchenphysik, herrscht an Daten kein Mangel. In anderen Bereichen, etwa der Biomedizin, aber auch zum Beispiel für das Trainieren selbststeuernder Autos, gibt es nicht immer ausreichend Daten. Manchmal können Daten extra für Trainingszwecke generiert werden. So lässt sich Steuersoftware für Autos mit virtuellen Szenen trainieren. Stehen hingegen nicht ausreichend Daten zur Verfügung, können diese Lernverfahren nicht eingesetzt werden.

Vorurteile. Sind nur wenige Daten einer bestimmten Kategorie, etwa farbiger Gesichter, vorhanden, wird ein Programm zur Gesichtserkennung farbige Gesichter schlechter erkennen als weiße. Ebenso kann es sein, dass ein System Menschen, die mit Akzent sprechen, weniger gut versteht, weil es nur mit Tonbeispielen aus der Hochsprache trainiert wurde.

Dieses Phänomen wird manchmal als «Vorurteil» *(bias)* der Algorithmen bezeichnet. Genau genommen handelt es sich allerdings nicht um Vorurteile im Sinne von Urteilen, die man fällt, bevor man sich angesehen hat, was man da beurteilt. Es handelt sich vielmehr um Strukturen, die in den Trainingsdaten vorhanden sind und die die Algorithmen manchmal erst sichtbar machen. Hat ein Algorithmus im Lernprozess nie einen flugunfähigen Vogel zu sehen bekommen, wird es den Pinguin und den Strauß nicht zu den Vögeln zählen. Ist ein Algorithmus, der ein Auto auf einer Straße halten soll, immer nur mit Szenen trainiert worden, in denen ein Grünstreifen neben der Straße zu sehen war, kann es passieren, dass er eine Straße ohne Grünstreifen, etwa auf einer Brücke, nicht als solche erkennt. Wird eine Software, die Bewerbungen vorsortieren soll, mit den erfolgreichen Bewerbungen gefüttert, die ein Unternehmen in den letzten 30 Jahren erhalten hat, stehen die Chancen gut, dass dabei Männer in der Überzahl waren. Dies reicht, um den Algorithmus zu dem Ergebnis zu verleiten, zu den Eigenschaften erfolgreicher Bewerber gehöre es, männlich zu sein. Dazu muss kein frauenfeindlicher Programmierer am Werk sein, es genügt völlig, wenn eine solche Einseitigkeit in den Trainingsdaten vorhanden ist. Wird ein System, das Behandlungsempfehlungen in einem Krankenhaus abgeben soll, in einer Fachklinik trainiert, in die vor allem besonders schwere und komplizierte Fälle eingeliefert werden, kann dieses Programm, wenn es auf durchschnittliche Patienten eines durchschnittlichen Krankenhauses angewandt wird, zu radikale Therapien vorschlagen.

Beispiele dafür, welche Folgen solche Einseitigkeiten haben können, werden zahlreicher, je häufiger solche Systeme zum Einsatz kommen. Besonders prominent wurde eine Studie der Nichtregierungsorganisation Pro Publica, die zeigte, dass der von der Polizei in Chicago verwendete Algorithmus Schwarze häufiger zu Unrecht als rückfallgefährdet einordnet als Weiße. Auch dies hat seinen Grund in den Trainingsdaten: Wenn Schwarze generell häufiger mit der Polizei in Kontakt kommen, einfach, weil sie häufiger kontrolliert werden, ist dies für den Algorithmus ein Hinweis, den er aus den Daten mitnimmt.

Unter den optimistisch gestarteten Unterfangen, die ihrem Anspruch nicht gerecht werden konnten, findet sich auch ein automatisches Bewertungssystem für Arbeitslose in Polen, das nach Kritik von Menschenrechtlern als diskriminierend und intransparent eingestellt wurde, und ein fehlerhafter Algorithmus, der in Schweden die Zahlungen für Tausende von Arbeitslosen stoppte. In Finnland fiel eine Bank mit einem unangemessenen Algorithmus für die Bewertung der Kreditwürdigkeit auf, in Spanien klagen Menschenrechtsaktivisten gegen einen Algorithmus, der einer halben Million Menschen den Zuschuss zu ihren Stromkosten verweigerte. Auch das österreichische System, Unterstützung für Arbeitslose von einem Algorithmus berechnen zu lassen, ist stark umstritten, da es etwa die Sorge für Kinder Frauen als Minuspunkt für die Integration in den Arbeitsmarkt anrechnet, Männern aber nicht.[15] In den USA steht ein System in der Kritik, das Menschen mit besonders komplexen Gesundheitsproblemen den Zugang zu teuren Behandlungsprogrammen und Spezialisten erleichtern sollte. Dabei richtete sich das Programm nach den bislang angefallenen Behandlungskosten. Auf den ersten Blick eine überzeugende Methode, besonders kranke Menschen zu identifizieren. Dennoch stellte sich heraus, dass es Schwarze benachteiligt. Denn diese gehen, auch wenn sie krank sind, seltener zum Arzt. Eine Studie kam zu dem Ergebnis, dass der Anteil schwarzer Patienten, die von diesem Programm profitieren, von knapp 18 Prozent auf über 45 Prozent steigen müsste, würde diese Verzerrung herausgerechnet.[16] Diese Beispiele zeigen, dass es nicht leicht abzuschätzen ist, wie sich der Einsatz eines Algorithmus konkret auswirkt.

Die lernenden Systeme lernen anhand der Daten der Vergangenheit ein Modell, mit dem sie die Daten der Gegenwart klassifizieren und Prognosen über deren zukünftige Entwicklung abgeben. Damit neigen sie dazu, den Status quo zu verfestigen oder noch zu verstärken. Kein Algorithmus ist klug genug, um zu verstehen, dass bestimmte Entscheidungen für bestimmte Bevölkerungsgruppen diskriminierend sind. Und kein Algorithmus ist klug genug, um zu verstehen, dass wir uns eine Zukunft wünschen, die sich von der Vergangenheit unterscheidet. Auch wenn man in aller Regel davon ausgehen kann, dass solche Systeme mit den besten Absichten entwickelt wurden, erweisen sie sich immer wieder als nicht klug genug für die Entscheidungen, die ihnen anvertraut werden.

Die Black Box. Die «Vorurteile» der Algorithmen sind mit einem anderen, bereits erwähnten Problem verwandt, der Undurchsichtigkeit dieser Verfahren. Wenn Menschen eine Entscheidung treffen, können sie diese meist auf eine halbwegs nachvollziehbare Weise begründen. Auch in einem klassischen Computerprogramm lässt sich im Prinzip nachvollziehen, wie ein Ergebnis zustande gekommen ist. Bei einem KNN verhält sich dies anders: Es rüttelt sich, wie gesehen, die Gewichte seiner Verknüpfungen im Lauf des Trainingsprozesses selbst zurecht. Wie es genau zu einem Ergebnis kommt, ist dabei undurchsichtig. Selbst die detaillierte Kenntnis der Aktivität eines KNN liefert keine Erklärung von der Art, wie Menschen sie brauchen, um eine Entscheidung zu verstehen, keine Erklärung der Art: Der Kredit konnte nicht gewährt werden, weil das Monatseinkommen zu gering ist.

Ein eigenes Forschungsfeld, die Explainable AI oder Erklärbare Künstliche Intelligenz, XAI, befasst sich damit, wie KNN durchsichtiger gemacht werden können. So haben Berliner Forscher ein Verfahren entwickelt, um nachzuvollziehen, wo ein KNN besonders aktiv ist.[17] Damit können sie feststellen, ob ein solches Netzwerk wirklich den relevanten Bereich des Bildes betrachtet, das es klassifizieren soll. Bei ihren Arbeiten «erwischten» die Forscher ein KNN, das Züge klassifizieren sollte, dabei, sich auf die Schienen zu konzentrieren, statt auf die Züge, ein anderes, das Pferde erkennen sollte, betrachtete nur den Copyrightvermerk. Dieses Verfahren macht ein wenig durchsichtiger, was ein KNN tatsächlich gelernt hat, gilt in der Zunft aber lediglich als ein erster Schritt auf dem Weg, diese Verfahren erklärbar zu machen.

Die Europäische Datenschutz-Grundverordnung schreibt vor, dass Menschen ein Recht darauf haben, die Gründe für algorithmenbasierte Entscheidungen, von denen sie betroffen sind, in einer nachvollziehbaren Weise zu erfahren. Solange das Problem der Nachvollziehbarkeit nicht gelöst ist, können rein lernende Verfahren in solchen Fällen nicht zum Einsatz kommen.

Nicht nur in Kontexten, in denen Menschen betroffen sind, auch in der Wissenschaft möchten Forscher verstehen, was vor sich geht, nicht lediglich ein Ergebnis bekommen, das sich zwar bewährt, für das es aber keine Erklärung gibt.

Allerdings ist es auch mit der Durchsichtigkeit der klassischen Verfahren nicht allzu weit her. Komplexe Programme mit Millionen von Zeilen, zusammengesetzt aus unterschiedlichen Unterprogrammen, kann man zwar im Prinzip nachvollziehen. Tatsächlich aber sind auch solche Programme viel zu komplex, als dass man im Detail verstehen könnte, was vor sich geht. Schon einen komplexeren Entscheidungsbaum auf Plausibilität zu prüfen, überfordert das menschliche Gehirn schnell.

Seltsame Fehler. Die KNN sind zudem auf eine irritierende Weise fehleranfällig. Gewiss, auch Menschen machen Fehler, aber die Fehler, die bilderkennenden Systemen oder Übersetzungsprogrammen bisweilen unterlaufen, sind anders: Sie identifizieren etwa eine Ziege als Vogel, nur weil sie in einen Busch geklettert ist, entdecken auf einem Fußballfeld einen Spieler zwei Mal oder übersetzen «Kernseife» als «nuclear soap». Dies zeigt, dass diese Systeme die Welt offenbar ganz anders wahrnehmen als wir. Es zeigt, dass ihnen Hintergrundwissen oder das, was wir den gesunden Menschenverstand nennen, fehlt, dass sie die Szenen, die sie wahrnehmen, und die Sätze, die sie übersetzen, nicht verstehen.

Wenn Algorithmen ab und zu absurde Fehler machen, kann uns das daran erinnern, dass sie anders funktionieren als wir, und uns ein gewisses gesundes Misstrauen bewahren. Je seltener solche Fehler werden, desto unbekümmerter werden Menschen den Ergebnissen algorithmischer Entscheidungen trauen, vielleicht auch dann, wenn sie Fehler machen. Denn wir rechnen mit Fehlern, wie sie auch Menschen unterlaufen; auf Fehler, die völlig jenseits des Erwartbaren liegen, fallen wir unter Umständen leicht herein.

Zudem können bild- und spracherkennende Systeme, aber auch Spielprogramme, durch Manipulationen an den Daten, sogenannte Adversarial Attacs, feindliche Angriffe, aus dem Konzept gebracht werden. Dabei handelt es sich um Veränderungen an den Daten, die Menschen manchmal gar nicht wahrnehmen, etwa wenn ein «weißes Rauschen» über ein Bild oder ein Tondokument gelegt wird. Der Algorithmus kommt infolge einer solchen Manipulation zu ganz anderen, falschen Ergebnissen. Wo es zuvor etwa einen Panda richtig erkannte, gibt es nun an, einen Affen entdeckt zu haben.

Forscher konnten auch zeigen, dass die Veränderung weniger, im Extrem nur eines einzigen Pixels ausreicht, um ein Bilderkennungssystem auf eine falsche Fährte zu locken. Böswillig hinzugefügte Pixel können im Extrem dazu führen, dass medizinische Bilddaten falsch interpretiert und Krebs entdeckt wird, wo keiner vorhanden ist. Forscher vermuten, dass solche Verfahren auch verwendet werden können, um Computer dazu zu bringen, Schadsoftware auszuführen. Andere Manipulationen sind deutlich sichtbar, ihre Auswirkungen aber kaum abzuschätzen. Kein Mensch würde ein seltsam fotografiertes Hundegesicht für ein Muffin oder ein Stoppschild, auf das jemand ein paar Aufkleber gepappt hat, mit einem Schild für eine Geschwindigkeitsbegrenzung verwechseln. Oft reicht es schon, einen Gegenstand zu drehen oder auf die Seite zu legen, um ein Bilderkennungssystem zu verwirren. Gerade weil KNN sich für ihre Klassifikationen unter Umständen auf ganz andere Aspekte stützen, als Menschen dies täten, können sie unerwartete Fehler machen und auf unerwartete Weise manipuliert werden.

Ein Lösungsversuch für dieses Problem besteht darin, KNN «feindlichen» Beispielen im Training gezielt auszusetzen und ihre Reaktionen zu korrigieren. Wenn man dem System ab und zu eine Maus mit Elefantenhaut zeigt, kann es vielleicht seine «Neigung» überwinden, mehr auf die Oberflächenbeschaffenheit eines Gegenstandes zu achten als auf seine Form. Allerdings könnte ein solches Training auch dazu führen, dass das KNN anderen Manipulationen nur umso leichter zum Opfer fällt. Vielleicht ließe sich auch festlegen, dass ein System seinen Output wegen kleiner Veränderungen im Input nicht massiv verändern darf. Vielleicht müssten Algorithmen mit 3-D-Objekten statt mit Bildern von Objekten trainiert werden, vielleicht würde es helfen, lernende Systeme mit Regeln oder anderen Lernverfahren zu ergänzen. Vielleicht aber werden sie die Welt auch erst sicherer erkennen, wenn sie in der Welt handeln und Erfahrungen machen können (siehe S. 46).

6. Eine kleine Philosophie der Künstlichen Intelligenz

Intelligente Maschinen sind auch ein philosophisches Experiment. Die längste Zeit hat es ausgereicht, sich solche Maschinen vorzustellen, um Menschen dazu anzuregen, über sich selbst neu nachzudenken. Zahlreiche Roboter- und Automaten-Geschichten und die Science-Fiction zeugen davon. Heute stellen sich dieselben Fragen angesichts der realen Programme, Chatbots und vor allem der Roboter mit neuem Nachdruck. Fragen, die den Menschen betreffen: Was macht den Menschen aus? Was unterscheidet ihn von einer Maschine? Fragen, die die Maschinen betreffen: Können Maschinen Bewusstsein oder Moral haben? Gibt es etwas, was eine Maschine nie können wird? Wie würde eine übermenschliche Intelligenz aussehen? Fragen nach dem richtigen Umgang mit den Maschinen: Darf man Roboter schlagen? Sie zerstören? Fragen nach den Grenzen der Forschung: Dürfte man Roboter mit Bewusstsein bauen, wenn man wüsste, wie? Und Fragen nach dem Einsatz von intelligenten Algorithmen und Maschinen: Wo möchten wir sie haben, wo nicht?

Der elektronische Spiegel. Kann der Mensch durch seine Versuche, intelligente Maschinen zu bauen, etwas über sich selbst lernen? Er kann. Die wichtigste Lektion, die die KI-Forschung bislang für ihn bereithält ist diese: Wir sind komplizierter, als wir denken. Unser Gehirn ist nun einmal so organisiert, dass wir nicht bewusst mitbekommen, wie verwickelt die Vorgänge in unserem Körper und vor allem im Gehirn selbst sind. Unsere nach wie vor vermutlich vergleichsweise naiven Versuche, Intelligenz künstlich zu realisieren, machen ein ums andere Mal deutlich, wie wenig wir uns selbst verstehen und dass große Teile der Kognition sich unterhalb des Radars unseres Bewusstseins abspielen. Auch weil Computersysteme, die nach unseren Vorstellungen vom Funktionieren der Intelligenz gebaut wurden, sich immer wieder als zu einfach erwiesen haben, haben wir heute einen viel breiteren Begriff von Intelligenz als in den 1950er Jahren.

Im Zuge der Versuche, intelligente Maschinen zu bauen, ist klar geworden, dass das, was uns schwerfällt, das Rechnen und Schach spielen, das exakte Erinnern, das Drehen geometrischer Figuren in der Vorstellung, für einen Computer recht leicht zu bewerkstelligen ist. Was uns hingegen banal erscheint, weil wir es nebenbei erledigen – Zahnpasta auf die Zahnbürste geben, heute über dies, morgen über das schwatzen –, stellt für Maschinen eine enorme Herausforderung dar. Intelligenz, so viel ist heute sicher, spielt sich nicht nur im Kopf ab, sie benötigt einen Körper, eine Umwelt und Mitmenschen in dieser Umwelt, die erklären und loben und streiten. Sie benötigt Bewegung und Sinneserfahrung, eine Kindheit und eine Evolutionsgeschichte. Und wer keine Emotionen empfinden kann, entscheidet nicht etwa besonders rational, sondern meistens gar nicht. Die intelligenten Maschinen erweisen sich hier als eine Art elektronischer Spiegel, der uns in dem Zerrbild, das wir in ihm erblicken, zeigt, dass wir noch immer nicht recht verstanden haben, wie Intelligenz zustande kommt. Sollte es sich erweisen, dass elektronische Systeme, um intelligenter zu werden, ähnlich wie wir eine Kindheit, vielleicht sogar eine simulierte Evolution durchlaufen müssen, könnte es allerdings sein, dass sich die Hoffnung, durch Nachbauen etwas über uns selbst zu lernen, zerschlägt: Am Ende stünden wir dann so erstaunt vor den Ergebnissen eines künstlichen Entwicklungsprozesses, wie wir heute vor unseren Kindern stehen.

Die Sache mit dem Bewusstsein. Für ein Urteil über die Natur der Maschinen, hängt viel von der Frage ab, ob Maschinen Bewusstsein haben können. Denn ohne Bewusstsein gibt es keine Empfindungen und keinen Schmerz und damit vermutlich auch kein Gewissen, kein Rechtsempfinden, keine Moral und keine Verantwortung. Können Maschinen also Bewusstsein haben?

Zuerst einmal gilt: Weil wir nicht wissen, wie Bewusstsein entsteht, wissen wir auch nicht, ob und wie es in einer Maschine realisiert werden könnte. Will man es philosophisch ganz genau nehmen, müsste man sagen: Aus ebendiesem Grund können wir uns auch nicht ganz sicher sein, dass Bewusstsein nicht irgendwann unbeabsichtigt in einer Maschine entsteht, wenn die Systeme ausreichend komplex geworden sind. Ganz genau genommen können wir uns nicht einmal sicher sein, dass es nicht schon entstanden ist, sich aber nicht in einer Weise äußert, die wir verstehen können.

So weit die grundsätzliche Überlegung. Etwas weniger grundsätzlich bleibt dem Menschen nichts anderes übrig, als das Verhalten des Gegenübers zu beobachten. Und auf dieser Ebene spricht bislang nicht viel dafür, dass ein Computer mit einigen Milliarden Transistoren oder ein Netzwerk solcher Maschinen so etwas wie Empfindungen entwickeln könnte. Es ist schlicht nicht zu sehen, wie Empfindungsfähigkeit in Schaltkreisen und Transistoren entstehen sollte.

Das «C-Wort» («c» für *consciousness*, Bewusstsein) ist in weiten Teilen der Robotik und der KI wegen des Verdachts der Unwissenschaftlichkeit verpönt. Dennoch reizt es manche Forscher, hier weiterzukommen. Der vermutlich vielversprechendste Ansatz baut auf dem Gedanken auf, dass Bewusstsein entsteht, wenn das Gehirn ein Modell des Körpers bildet und dieses in höheren Verarbeitungsebenen wieder und wieder abgebildet wird. Einer der Forscher, die sich damit befassen, ist Hod Lipson von der Columbia University. In seinem Labor lernte ein Roboterarm mithilfe des Deep Learning, ein Modell seiner selbst, also seiner Gestalt und seiner Möglichkeiten, sich zu bewegen, anzulegen. *Motor babbling*, motorisches Plappern, heißt der Prozess, in dem eine solche Maschine ausprobiert, zu welchen Bewegungen sie in der Lage ist, ähnlich wie ein Baby strampelt, um herauszufinden, wie es sich bewegen kann. Mit dieser Vorbereitung konnte der Arm ohne gesondertes Training einen kleinen Ball aufheben und ihn in eine Tasse legen. Bekam der Arm ein neues Teil, konnte er sein inneres Modell seiner neuen Gestalt anpassen.[18]

Damit kann der Roboterarm noch lange nicht über philosophische Rätsel grübeln, aber für Lipton ist Bewusstsein keine Frage des Alles oder Nichts. Zu wissen, wo der eigene Arm ist, sei ein erster Schritt auf dem Weg zu einem künstlichen Bewusstsein. Dass diese Art von Bewusstsein Empfindungsfähigkeit einschließen wird, ist allerdings unwahrscheinlich. Eher dürfte auf diesem Weg ein funktionales Äquivalent zu menschlichem Bewusstsein entstehen: Es könnte funktionieren wie Bewusstsein, sich aber für den Roboter nicht «anfühlen».

Doch auch, wenn man bislang keine Vorstellung hat, wie man eine empfindungsfähige Maschine bauen könnte, ist es möglich, Maschinen zu bauen, die Emotionen simulieren, die fröhlich oder zerknirscht oder wütend schauen oder aufschreien, wenn man sie piekt oder wenn sie irgendwo anstoßen. Für solche simulierten Emotionen gibt es verschiedene Gründe. Zum einen kann man Menschen auf dem Weg über Gesichtsausdrücke über den inneren Zustand einer Maschine informieren: Wenn sie gequält oder entsetzt schaut, stimmt etwas nicht. Ein anderer Aspekt ist das «Nutzererlebnis». Menschen finden Maschinen, die Emotionen vortäuschen, oft interessanter oder angenehmer als solche, die das nicht tun. Manche Forscher benutzen Maschinen, die dem Menschen so ähnlich sind wie nur möglich, auch, um gezielt die Reaktionen der Menschen auf solche Roboter zu erproben.

Und es gibt einen weiteren Grund, Emotionen zu imitieren: Roboter und Softwareagenten können sich leichter in einer neuen Umwelt orientieren, wenn man ihnen Mechanismen mitgibt, die den Emotionen nachempfunden sind – etwa eine Art künstlichen Stress, der Agenten befällt, wenn sich zu viel Neues ereignet, und der sie dazu bringt, sich mit weiteren Erkundungen erst einmal zurückzuhalten; eine simulierte Angst, die sie bei unerwarteten Ereignissen überkommt und dazu führt, erst einmal an Ort und Stelle zu verharren; Neugier als eine Funktion, die bei voller Batterie ermuntert, die Umwelt zu erkunden. Das alles ändert nichts daran, dass nach bestem Wissen und Gewissen keine dieser Maschinen etwas empfindet.

Wären Maschinen, die etwas empfinden, denn überhaupt wünschenswert? Wenn ein bestimmtes Niveau von Intelligenz nur mit Bewusstsein zu haben ist, würde der Verzicht auf Bewusstsein den Verzicht auf dieses Niveau Künstlicher Intelligenz bedeuten. Ebenso würde es bedeuten, auf die Methode des Nachbauens zu verzichten, um das menschliche Bewusstsein besser zu verstehen. Andererseits erscheint es kaum wünschenswert, sich mit beleidigten, aufgeregten, verliebten, am besten auch noch pubertierenden Robotern zu umgeben. Wollten wir nicht gerade Maschinen, denen wir lästige und gefährliche Arbeiten ohne schlechtes Gewissen überlassen können, das heißt, ohne dass diese darunter leiden?

Und, um noch einen Schritt zurückzutreten: Was immer der Mensch baut, ist zunächst einmal unvollkommen und fehlerhaft und benötigt einen Entwicklungsprozess. Müsste also, ein empfindungsfähiges künstliches Wesen zu bauen, nicht bedeuten, dass dieses erst einmal fehlerhaft wäre und unter dieser Fehlerhaftigkeit zu leiden hätte? Auch diese Überlegung spricht dafür, die Finger von solchen Experimenten zu lassen.

So absonderlich diese Überlegungen in Hinblick auf die aktuellen Roboter klingen mögen, die sich zumeist eher mühsam auf den Beinen halten und bei geringen Irritationen aus dem Konzept geraten: Wenn es an die biohybriden Roboter geht, in denen natürliches Gewebe mit elektronischen Bauteilen gekoppelt wird, beginnt die bislang so klare Grenze zwischen Lebewesen und Maschinen und damit auch die zwischen empfindungsfähigen Wesen und Maschinen zu verschwimmen. Die Empfindungsfähigkeit wäre dann zwar nicht technisch nachgebaut, sondern sozusagen von der Natur übernommen. Die Frage nach dem (vermeidbaren) Leiden stellte sich dennoch.

... und die mit der Moral. Wenn Maschinen nach allem, was wir wissen, kein Bewusstsein haben, können sie dann moralisch sein und Gut und Böse unterscheiden? Auf diese Frage gibt es vermutlich wiederum keine sichere Antwort. Handhabbarer ist die Frage, ob Algorithmen so programmiert werden können, dass sie nach unseren Maßstäben moralisch entscheiden. Eine Möglichkeit, dies zu realisieren, bestünde darin, moralische Regeln aufzustellen und sie zu programmieren. Allerdings haben sich trotz Jahrtausende währender Bemühungen der Philosophen die Regeln, nach denen in jeder Situation automatisch moralisch zufriedenstellend entschieden werden könnte, bislang nicht gefunden – von der Frage nach kulturellen Unterschieden einmal ganz zu schweigen. Immer wieder finden wir uns in Situationen, in denen wir eben nicht ganz sicher sind, was die richtige Entscheidung wäre. Welche Regeln wir auch immer aufstellen, immer wieder stoßen wir auf besondere Umstände, auf Konstellationen, in denen es unmöglich richtig sein kann, sich an eine gewöhnlich vernünftige Regel zu halten. Menschen sind in diesen Fällen nicht ohne Netz und doppelten Boden unterwegs: Sie haben ihr Gewissen und ihr Bauchgefühl, das sie innehalten und noch einmal nachdenken lässt. Den Maschinen fehlt dieses vermutlich sehr körpergebundene Regulativ.

Verschärfend kommt hinzu: Maschinen sollen manchen Visionen zufolge auch in solchen Situationen Entscheidungen treffen können, in denen Menschen gar nicht entscheiden müssen oder können, weil alles viel zu schnell geht, etwa bei Autounfällen. Wo dem Menschen eine Schreckreaktion zugestanden wird, für die er nicht verantwortlich gemacht werden kann, sollen autonome Fahrzeuge die Situation viel schneller analysieren und dann eine moralisch richtige Entscheidung treffen. So wie in dem viel diskutierten Gedankenexperiment des Wagens, der bei einer unvermeidbaren Kollision entscheiden muss, wer überfahren wird. Sollen eher Jüngere oder Ältere verschont werden? Oder soll das Fahrzeug grundsätzlich die Fahrer schützen?

Studien in sogenannter experimenteller Philosophie haben zutage gefördert, dass Menschen in Asien eher ältere Menschen verschonen würden, Menschen in Europa eher jüngere. Aber kann eine solche Abstimmung Grundlage einer moralischen Entscheidung, gar einer gesetzlichen Regelung sein? Zumindest in Deutschland ist es verboten, Menschenleben gegeneinander aufzurechnen, eine solche Regelung wäre also gar nicht zulässig.

Experten weisen diese Gedankenexperimente zudem immer wieder als unrealistisch zurück. Auf absehbare Zeit werden solche Fahrzeuge nicht in der Lage sein, Personen so schnell so genau wahrzunehmen, dass sich solche Fragen überhaupt stellen würden. Eher geht es um die allgemeinere Frage, wie sicher solche Fahrzeuge sein müssen, bevor sie zum Einsatz kommen dürfen. Hier wäre zu bedenken, dass auch die menschliche Bilanz des Autofahrens mit in Deutschland durchschnittlich neun Toten pro Tag eher erschreckend ist. Natürlich dürfen keine unausgereiften Produkte auf die Straße. Doch von Maschinen zu verlangen, dass sie immer perfekt funktionieren, dürfte unrealistisch sein. Könnten (teil-)autonome Fahrzeuge die Anzahl der Verkehrstoten reduzieren, könnte ihre Einführung moralisch geradezu geboten sein.

Selbst wenn es nicht möglich ist, moralische Regeln fest einzuprogrammieren: Können Algorithmen Moral nicht lernen? Das damit verbundene Problem liegt nicht etwa darin, dass man Maschinen nicht bestrafen könnte. Auch wenn eine Maschine sich nicht ärgern kann, ist das funktionale Gegenstück von Belohnung und Bestrafung durchaus möglich und kommt beim Reinforcement-Lernen zum Einsatz. Hier stellt sich eher die Frage nach den Trainingsdaten für das Erlenen moralischer Entscheidungen. Märchen waren einmal im Gespräch, aber die Moral vieler Märchen ist doch eher speziell. Mit Liebesgeschichten steht es nicht viel anders. Forscher der Universität Darmstadt haben mit der Moral Choice Machine gezeigt, dass es durchaus möglich ist, einfachere moralische Regeln automatisch aus Texten zu extrahieren: Man darf Zeit totschlagen, Menschen aber nicht; Brot toasten ist gut, Hamster toasten nicht. Auch dieser «moralische Kompass» ist allerdings allenfalls ein Anfang und keine Hilfe bei komplexen moralischen Problemen.[19] Ließe sich eine Art Kanon akzeptierter moralischer Entscheidungen finden, deren Lösung den Maschinen mitzugeben wäre? Bislang hat auch auf diesem Weg kein Algorithmus moralisches Entscheiden erlernt.

Forscher des britischen Alan-Turing-Instituts haben kürzlich eine Strategie vorgestellt, die zumindest ein Teilproblem der Moral lösen könnte: Sie nennen sie kontrafaktische Fairness. Dazu machen sie kritische Punkte in Datensätzen, etwa das Geschlecht oder die Herkunft von Bewerbern für eine Stelle oder einen Studienplatz aus und variieren diese, um den Algorithmus zu prüfen. Statt also diese Faktoren gar nicht zu berücksichtigen, wie ebenfalls vorgeschlagen wurde, soll der Algorithmus prüfen: Wenn diese Person mit diesen Qualifikationen und Eigenschaften keine Frau, sondern ein Mann wäre, machte das für die Zuteilung des Studienplatzes oder die Einladung zum Vorstellungsgespräch einen Unterschied?[20] Eine Entscheidung wäre demnach fair, wenn sie in der wirklichen Welt und in der kontrafaktischen zum selben Ergebnis käme. Die moralische Entscheidung freilich, dass Diskriminierung abzulehnen ist, hat nach wie vor der Mensch getroffen.

In der Frage nach der Moral zeigt sich besonders deutlich, dass Flexibilität und die Fähigkeit, neue Situationen in ganz unterschiedlichen Hinsichten zu betrachten, nicht leicht zu automatisieren sind. Auf absehbare Zeit gilt daher: Nur der Mensch kann moralisch handeln. Moralische Entscheidungen an eine Maschine zu delegieren, ist ein Kategorienfehler. Der Hinweis auf das Ergebnis einer algorithmischen Berechnung kann unmoralische Entscheidungen nicht rechtfertigen. Auch eine Ethik der KI oder der Algorithmen kann nur eine Ethik derer sei, die mit diesen Verfahren umgehen. Immer wieder wird daher die Forderung nach einer Art Hippokratischem Eid für Programmierer laut. Berufsverbände formulieren ethische Richtlinien, die sicherstellen sollen, dass nur Algorithmen auf den Markt kommen, deren Entscheidungsverhalten und deren Auswirkungen durchdacht und geprüft sind (siehe S. 115).

Wenn Algorithmen nicht moralisch sein können, wer ist dann schuld, wenn sie falsche Entscheidungen treffen? Der Programmierer eines Algorithmus? Der Verkäufer eines Wagens, in dem dieser läuft? Der Fahrer? Hier sehen Juristen eine Verschiebung von der Feststellung persönlicher Schuld zur Frage der Absicherung: Je autonomer ein Algorithmus entscheidet, desto schwerer ist die persönliche Schuld eines Menschen festzustellen. Doch wenn niemand konkret dafür haftbar gemacht werden kann, wenn ein teilautonomes System einen Fehler macht, soll der oder die Geschädigte zumindest finanziell nicht leer ausgehen. Dieses Problem ließe sich lösen, indem ein solches System nicht ohne eine ausreichende Versicherung verkauft werden darf. Dies ist der Grundgedanke hinter der Idee der «elektronischen Person». Geschädigte könnten sich an diese halten, um ihren Schaden bezahlt zu bekommen. Auch wenn die Schuldfrage nicht geklärt werden kann.

Künstliche Kreativität. Kreativität ist zum einen eine gesuchte Ressource, verspricht sie doch neue Ideen, neue Produkte und neue Problemlösungen. Zugleich gilt Kreativität als eine der letzten Bastionen des Menschen. Reproduziert ein Algorithmus nicht nur, was er in den Daten gefunden hat?

Schaut man genauer hin, ist es auch hier nicht ganz so einfach. Zum einen ist (wieder einmal) nicht klar, wovon genau die Rede ist: Was genau ist eine kreative Leistung? Meist ist von etwas Neuem die Rede, das zugleich brauchbar, berührend, weiterführend oder ansprechend ist. Zum anderen gilt, ebenso wie bei den Themen Bewusstsein und Moral: Wir wissen nicht recht, wie Kreativität beim Menschen funktioniert. Zwar haben Psychologen Bedingungen gefunden, die kreatives Arbeiten erleichtern, etwa den Wechsel zwischen Phasen der Konzentration und der Ablenkung, und andere, die sie erschweren, etwa Zeitdruck und Multitasking. Aber bislang lässt der kreative Funke sich nicht nach Wunsch hervorrufen.

Die Frage nach der Kreativität der Maschinen ist nicht neu. Wie andere Technologien auch, wurden die Möglichkeiten des Programmierens von Beginn an von Künstlern und Wissenschaftlern verwendet, um Geschichten, Gedichte oder Musikstücke zu schaffen. Schon in den 1950er Jahren etwa generierte der Elektrotechniker Theo Lutz mithilfe einer Zuse Z22 «stochastische Texte». Dazu ließ er einen Algorithmus neue Sätze aus Wörtern aus Kafkas «Das Schloss» und auch ein Weihnachtsgedicht generieren. Seine Ergebnisse stießen sowohl auf enthusiastische Begeisterung als auch auf strikte Ablehnung.

Heute stellen sich die Ergebnisse solcher Programme sehr unterschiedlich dar: GPT-2 etwa, ein Programm von Open AI, einer Organisation, die sich die Entwicklung einer KI auf die Fahnen geschrieben hat, die der Gesellschaft nicht schadet, generiert Geschichten, wenn man dem Programm nur zwei Sätze als Anfang vorgibt. Dann fantasiert es auf den ersten Blick durchaus überzeugend zum Beispiel von Forschern, die auf einer Expedition Einhörner finden. Auf den zweiten Blick fallen allerdings einige Ungereimtheiten auf, etwa, dass die Einhörner statt einem gleich vier Hörner tragen. Das KNN hinter GPT-2 umfasst in seiner Vollversion mehr als 1,5 Milliarden Parameter. Bei seiner Vorstellung wiesen die Programmierer durchaus werbewirksam auf die Möglichkeiten hin, mit diesem Programm Falschnachrichten, sogenannte Fakes, zu erstellen. Andere Programme haben Drehbücher verfasst oder Theaterstücke geschrieben – deren Sinn sich allerdings oft nur schwer erschließt. Sie beruhen auf der Idee, existierende Stücke auf ihre Struktur hin zu analysieren und diese nachzubauen, etwa eine Dreiecks-Beziehungsgeschichte mit all ihren Verwirrungen. An den Ergebnissen zeigt sich aber meist schnell, dass zu einer guten Geschichte eben doch mehr gehört. Erfolgreicher sind Textgeneratoren bei der Produktion von stark formalisierten Gebrauchstexten wie Wetter-, Fußball- oder Börsenberichten. Bei dem Wissenschaftsverlag Springer Nature erschien 2019 ein erstes komplett computergeneriertes Buch. Auch dieses ist allerdings wenig kreativ: Es handelt sich um eine Zusammenfassung der neuesten Forschungsliteratur über Lithium-Ionen-Batterien.

Letztlich zeigen diese Experimente, dass die Algorithmen, die Texte, die sie generieren, nicht verstehen. Für den Philosophen John Searle war klar, dass sie es auch nie lernen werden. Er erklärte dies mithilfe des Gedankenexperiments vom «Chinesischen Zimmer»: Jemand, der kein Chinesisch versteht, sitzt in einem Zimmer, in dem Körbe voller Zettel mit chinesischen Schriftzeichen stehen. Dazu hat er ein Regelwerk in einer Sprache, die er versteht. Nun bekommt er Zettel mit Schriftzeichen in das Zimmer gereicht (die Fragen) und soll, den Anweisungen des Regelbuchs folgend, andere Zettel (die Antworten) herausreichen. Nach Searle wird der Mensch im Zimmer auf diese Weise kein bisschen Chinesisch lernen. Und mit der KI verhalte es sich ebenso. Algorithmen arbeiten mit Regeln, die ihnen sagen, wie sie Symbole hin- und herschieben sollen, Bedeutung werden sie nie erfassen. Denn dazu benötige man all das, was einem Computer unzugänglich bleibt: Erfahrungen, Gefühle, Bewusstsein, einen Körper. Wie überzeugend ein System auch immer antworten mag, «eigentlich» versteht es uns nicht. Alles, was mit Bedeutung zu tun hat, so Searle, interpretieren die Menschen in die Datenverarbeitung hinein.

Dies könnte erklären, dass Algorithmen erfolgreicher sind, wenn es um abstraktere Formen wie Gedichte geht. In Wettbewerben wie «Bot or Not?», in denen Menschen entscheiden sollen, welches Gedicht von einem Menschen und welches von einer Maschine stammt, sind die Zuhörer oft uneins und unsicher. Ein Gedicht lässt eben mehr Freiraum für Interpretationen als eine Erzählung.

Auf diese Ergänzungsleistung des Menschen mag es auch zurückzuführen sein, dass die Produktion von Texten bislang eine größere Herausforderung darstellt als die Komposition von Musik oder die Malerei. Doch auch hier fallen die Urteile über Programme, die etwa Choräle im Stil Johann Sebastian Bachs komponieren oder Portraits anfertigen, sehr unterschiedlich aus. Oft werden diese Werke als kalt, seelen- und geistlos beschrieben. Wie viele dieser Urteile darauf beruhen, dass die Menschen wissen, wie die Kunstwerke entstanden sind, und eher den Herstellungsprozess als das Werk beurteilen, bliebe einmal kritisch zu prüfen. Auf der anderen Seite erzielen Werke wie das von Algorithmen generierte «Portrait von Edward Bellamy» auf dem Kunstmarkt Höchstpreise – gerade wegen ihrer Herstellung.

Gebrauchsmusik, das Hintergrundgedudel im Warenhaus, könnte in der Zukunft durchaus aus der Maschine kommen. Neue Kunstformen sind von dort allerdings eher nicht zu erwarten. Im Gegenteil mehren sich besorgte Stimmen, die davor warnen, im ewig Gleichen zu verharren. Werden Algorithmen benutzt, um vorherzusagen, welcher Film an der Kinokasse ein Erfolg werden wird, oder wird jedes Musikstück auf den von einem Algorithmus prognostizierten Massengeschmack ausgerichtet, könnte das die Entstehung neuer Formen verhindern bzw. in Nischen abdrängen – und so auch die Verdienstmöglichkeiten von Künstlern einschränken.

Aber wann sind Werke kreativ? Programme, die jedes beliebige Bild in eine andere Stilrichtung transformieren, würde man wohl eher nicht als kreativ bezeichnen. Auch die Komposition von immer mehr Stücken im Stile Bachs oder der Beatles wird man eher nicht kreativ nennen wollen – auch wenn Bach oder die Beatles, wenn sie diese Werke geschrieben hätten, natürlich als kreativ gegolten hätten.

Können diese Programme mehr, als Vorhandenes neu zu kombinieren? Wie gesehen (S. 41), können etwa GANs dadurch, dass sich zwei KNN aneinander abarbeiten, auf ganz neue Fährten kommen. Sie können ungewöhnliche und verwirrende Bilder generieren, bei denen man geradezu zu spüren meint, wie das Gehirn beim Betrachten arbeitet, um sich einen Reim darauf zu machen. Auch diese Programme kombinieren freilich nur Vorhandenes. Aber auch Künstlerinnen und Künstler schaffen nicht aus dem Nichts, sondern blicken zurück auf ihre Erfahrungen mit der Kunst und der Welt, benutzen ihre Intuitionen. Auch hier scheint sich kein klares Kriterium finden zu lassen, um festzustellen, ob eine Maschine kreativ ist. Gilt auch hier das Paradox der KI: Wenn es eine Maschine kann, ist es nicht mehr intelligent bzw. kreativ?

Entscheidend ist vielleicht ein anderer Punkt: Die Programme können zwar durch Kombination und Veränderung mehr oder weniger neue Dinge generieren, doch sie können nicht entscheiden, was davon gut ist. Es ist der Mensch, der aus Mengen von einem Programm produzierten Outputs das vielleicht Berührende, Neue, Interessante auswählt.

Tatsächlich geht es, wie in der Wissenschaft, der Medizin und beim Autofahren, auch in der Kunst meistens nicht darum, ein Programm alleine werkeln zu lassen, sondern um die Möglichkeiten, die durch die Kombination von natürlicher und künstlicher Intelligenz entstehen. Künstler, die mit KI arbeiten, benutzen diese als Werkzeug oder Muse. Neue Kunstformen entstehen, wenn sich Menschen der neuen Möglichkeiten der KI bedienen – damit ist Kunst nach wie vor eine menschliche Betätigung.

KI ist auch ein philosophisches Thema. Nicht, weil die Maschinen philosophieren könnten, sondern, weil sie uns dazu bringen, philosophische Fragen zu stellen. Die Fragen nach Bewusstsein, Moral und Kreativität zeigen vor allem, dass wir unsere Begriffe schärfer fassen und noch einmal genauer darüber nachdenken müssen, was diese für uns so wichtigen Fähigkeiten ausmacht.

7. Künstliche Intelligenz praktisch

Künstliche Intelligenz in der Wissenschaft. Unter den vielen Bereichen, in denen Verfahren aus dem Werkzeugkasten der KI zum Einsatz kommen, sind die Erwartungen in der Wissenschaft vielleicht am höchsten, die Erfolge aber auch am sichtbarsten. In ganz unterschiedlichen Disziplinen werden vor allem die lernenden Verfahren schon verwendet oder ihr Einsatz erprobt.

Dies bietet sich vor allem in Disziplinen an, in denen viele Daten vorliegen. Zu den größten Produzenten von Daten gehören die Teilchenbeschleuniger der Quantenphysiker. Aus der Quantenphysik stammt auch eines der bekanntesten Beispiele für den erfolgreichen Einsatz lernender Verfahren: Sie waren an der Entdeckung des Higgs-Teilchens beteiligt, indem sie halfen, aus den riesigen Datenmengen, die Teilchenkollisionen erzeugen, die relevanten Spuren herauszufiltern.

Ähnlich in der Molekularbiologie: Hier machen Forscher zum Beispiel mit hochauflösenden Mikroskopen Aufnahmen, die die genetische Aktivität in der Zelle im molekularen Bereich zeigen. Allerdings sind die aufgezeichneten Daten durch die anderen Prozesse verrauscht, die sich in der mit Molekülen dicht gepackten Zelle abspielen. KNN können lernen, dieses Rauchen zu erkennen und es dann in den Daten zu unterdrücken. So können Forscherinnen und Forscher in den Aufnahmen besser erkennen, was sie eigentlich sehen wollten.

Ein anderer Einsatzbereich ist das Design von Experimenten. So sind etwa in der Quantenoptik so viele verschiedene Versuchsaufbauten möglich, dass sie nicht alle durchgetestet werden können. Hier können lernende Verfahren helfen, vielversprechende Konstellationen zu finden. Das geht nicht nur schneller, die lernenden Verfahren kommen bisweilen auch auf Kombinationen, die so ungewöhnlich sind, dass sie Menschen nicht eingefallen wären oder sie sie von vornherein als sinnlos abgetan hätten. In vielen Fällen ist der kritische Blick des sogenannten gesunden Menschenverstandes auf die Ergebnisse von Lernverfahren dringend nötig. In manchen Fällen hingegen stehen diese «Voreinstellungen» des Menschen neuen Erkenntnissen im Wege.

Vulkanologen nutzen lernende Verfahren, um eine ungewöhnliche Aktivität von Vulkanen zu erkennen. In der Meteorologie ergänzen sie die Wetter- und Klimamodelle. Werden diese mit den herkömmlichen Gleichungssystemen modelliert, benötigen selbst Supercomputer viel Zeit, um zu berechnen, wie das Wetter oder gar das Klima sich entwickeln wird. Damit dies überhaupt funktioniert, sind diese Modelle recht grob. So kommen zum Beispiel Wolken, die für Wetter und Klima zentral sind, nicht vor, denn ihr Verhalten wäre zu aufwändig zu berechnen. KNN können hier helfen und aus den (in der Meteorologie reichlich vorhandenen) Daten lernen, wie die Wolken sich in einem Bereich verhalten. Oder sie können einem klassischen System «auf die Finger schauen» und aus seinem Verhalten wiederum ein Modell generieren. Der Algorithmus nimmt gleichsam eine Abkürzung; aus den Unmengen komplexer Differentialgleichungen, die die Simulation durchrechnet, destilliert er ein Verhaltensmuster. Diesen Algorithmus können die Forscher dann in ein größeres Klimamodell eingliedern und es so schneller, detaillierter und aussagekräftiger machen.

In der Medizin helfen Bilderkennungssysteme bei der Analyse

von Aufnahmen von Hautveränderungen, Röntgenbildern oder Aufnahmen aus dem Computertomographen. Ihre Leistungen sind dabei manchmal ebenso gut wie die der Mediziner, manchmal sogar besser. Ein Wettbewerb, den Forscher des Deutschen Krebsforschungszentrums und des Nationalen Zentrums für Tumorerkrankungen in Heidelberg 2019 durchgeführt haben, zeigte genau dies: 157 Hautärzte aus zwölf deutschen Universitätskliniken, vom Assistenz- bis zum Chefarzt, traten gegen ein Künstliches Neuronales Netz an, das mit Bildern von unauffälligen Hautveränderungen und von Hautkrebs trainiert worden war. Sie mussten jeweils hundert Bilder betrachten und bewerten. Das Programm war besser als 136 der Ärzte. In einer weiteren Studie zeigten die Forscher*innen aber auch, dass die Ergebnisse einer Kooperation von Mensch und Maschine noch ein Stück besser sind.[21] Auch in der Analyse von Blutproben von Menschen mit Leukämie ziehen Algorithmen und Menschen inzwischen gleich.

Forscher hoffen, durch die Analyse großer Datenbestände noch viel mehr darüber zu erfahren, in welchen Fällen welche Medikamente wirken und wie Lebensweise und die Entstehung von Erkrankungen zusammenhängen. Dann sollte es auch möglich werden, die ersten Spuren etwa von Krebserkrankungen noch viel früher zu erkennen und entsprechend besser zu behandeln. Je mehr Daten dazu betrachtet werden können, desto individueller fallen dann Diagnosen und Therapien aus. Zwar wird der Patient immer noch als Teil einer Gruppe ähnlicher Patienten betrachtet, doch diese Gruppen werden kleiner, ihre Eigenschaften sind feiner aufgelöst. So ist Forschern längst klar, dass es nicht «den Krebs» gibt, sondern eine große Anzahl verwandter, aber unterschiedlicher Prozesse. Lernende Algorithmen können helfen, diese immer feiner aufzuschlüsseln. Allerdings stellt die Integration von Daten unterschiedlicher Art – Gewebeproben, Röntgenaufnahmen, Laborwerte – die Forscherinnen und Forscher noch vor Herausforderungen.

KI-Verfahren werden in der Medizin bereits seit den 1980er Jahren als Unterstützung für Therapieentscheidungen erprobt. Hangelten sie sich zuvor an einprogrammierten Wenn-dann-

Verknüpfungen entlang, wird nun erprobt, inwieweit sie die rasant wachsende Flut wissenschaftlicher Publikationen durchmustern und den Arzt auf die für seinen Patienten gerade wichtigen aufmerksam machen können. Kein Arzt kann die über 200 000 Publikationen, die allein zum Thema Krebs pro Jahr erscheinen, zur Kenntnis nehmen oder die ganze Bandbreite seltener Erkrankungen vor Augen haben, wenn ein Patient zu ihm kommt. Allerdings lernen die Algorithmen auch in diesem Bereich nicht von selbst, sondern sind darauf angewiesen, dass ihnen jemand sagt, was die wichtigen Informationen sind. Bevor ein Algorithmus wissenschaftliche Studien auswerten kann, muss er mit Studien trainiert werden, in denen jemand vermerkt hat, was die wichtigen Stichworte, Namen von Medikamenten oder Ähnliches sind.

Ein weiterer Bereich, in dem KI in der Medizin von Interesse ist, sind Prognosesysteme, die Auskunft darüber geben sollen, wie sich eine Erkrankung entwickelt, wie die Heilungschancen sind oder welche Kosten ein Patient vermutlich verursachen wird. Algorithmen dieser Art sind vielen Menschen unheimlich: Soll ein Algorithmus entscheiden, ob sich eine Behandlung lohnt? Während die einen betonen, dass Algorithmen, die die Überlebenswahrscheinlichkeit von Patienten berechnen, verhindern sollen, dass Patienten am Lebensende unnötig behandelt werden, mutmaßen andere, dass sie mindestens ebenso dazu dienen, Kosten zu sparen. Besonders in solch sensiblen Bereichen müssen Algorithmen und ihre Leistungen sorgfältig geprüft werden. Natürlich unterlaufen auch Ärztinnen und Ärzten Fehler. Bei einem Algorithmus, der in vielen Klinken eingesetzt wird, können Fehleinschätzungen allerdings viel weitreichendere Konsequenzen haben. Für die Zukunft gilt es, nicht nur in der Medizin Verfahren zu entwickeln, bei denen die Stärken von Mensch und Maschine sich optimal ergänzen.

Beginnend mit «Logical Theorist», einem Programm aus dem Jahr 1955, das manchmal als das erste KI-Programm überhaupt bezeichnet wird (siehe Kapitel 2), war die Mathematik eine der ersten Disziplinen, in denen sich KI-Systeme beweisen sollten. Heute helfen die lernenden Verfahren in der angewandten Mathematik, etwa wenn es darum geht, partielle Differentialgleichungen mit vielen Dimensionen näherungsweise zu berechnen. In der Grundlagenforschung, von der sich die frühen KI-Forscher so viel versprochen hatten, ist ihr Einsatz hingegen schwieriger. Anders als die bisweilen reißerische Berichterstattung suggeriert, können Algorithmen bislang nur sehr einfache Theoreme beweisen. Forscher interessieren sich daher aktuell mehr dafür, ob KI-Verfahren verwendet werden können, um zu prüfen, ob Beweise, die Menschen entwickelt haben, Fehler enthalten. Die Herausforderung dabei: Mathematiker machen in ihren Argumentationen viel größere Schritte, als ein Algorithmus nachvollziehen kann, lassen Details weg, verwenden Abkürzungen. Ein mathematisches Problem muss daher erst einmal sehr detailliert ausformuliert werden, damit ein Programm es nachvollziehen und eine Beweiskette prüfen kann. Das ist so aufwändig, dass diese Möglichkeit bislang eher selten genutzt wird. Forscher arbeiten aber daran, Programme zu entwickeln, die bei diesem Schritt der Formalisierung helfen können. Selbst wenn diese lediglich dazu in der Lage wären, mögliche nächste Schritte bei der Suche nach einem Beweis vorzuschlagen, könnte dies die Forschung beschleunigen. Manche Forscher hoffen auch, dass die lernenden Systeme einmal etwas Ähnliches wie mathematische Intuition entwickeln und selbst neue Theoreme vorschlagen werden. Den Beweis der so erzielten Ergebnisse muss aber wohl auf absehbare Zeit ein Mathematiker übernehmen. Auch dieses Forschungsfeld ist zurzeit sehr stark in Bewegung.

Selbst in Disziplinen, an die man nicht sogleich denkt, wenn es um Künstliche Intelligenz geht, spielt diese inzwischen eine Rolle. Die Kriminologie nutzt sie, um zu entscheiden, ob es sich bei einem Einbruch um die Tat einer professionellen Bande handelt und deswegen mit ähnlichen Taten in der Umgebung zu rechnen ist. Algorithmen berechnen, wo die Polizei am dringendsten Streife fahren sollte. Zudem kommen sie bei der Handschrifterkennung und der Auswertung von Kamerabildern zum Einsatz.

Von «Digital Humanities» spricht man, wenn Digitalisierung und automatische Datenauswertung in den Geisteswissenschaften genutzt werden. In der Kunstgeschichte helfen sie, große Bilddatenbestände zu erschließen oder Bilder in Bezug auf bestimmte Merkmale, etwa Zeigegesten, zu vergleichen. In der Literaturwissenschaft helfen sie, die Entwicklung von Sprachen nachzuvollziehen, sie kommen zum Einsatz, wenn es darum geht, antike Vasen einem Künstler oder Handwerker zuzuordnen oder Skulpturen mit einem objektiven Maß auf Unterschiede zu untersuchen. Andere Verfahren dienen der Visualisierung von Ergebnissen oder werden bei der Entwicklung neuer Vermittlungsformate für die akademische Lehre, aber auch für die Öffentlichkeit verwendet.

In den Sozialwissenschaften ist mit den neuen Möglichkeiten der Datenanalyse die *Computational Social Science* entstanden. Diese Unterdisziplin versucht, aus der Analyse der digitalen Spuren, die Menschen etwa in den sozialen Medien hinterlassen, etwas über das Funktionieren der Gesellschaft zu lernen. Sozialwissenschaftler prüfen auch, ob die Analyse von Social-Media-Daten einmal die klassischen Befragungen ersetzen oder ergänzen kann. Denn wenn sich etwa politische Bewegungen im Wesentlichen online koordinieren, lassen sie sich über Umfragen kaum erforschen. Vielleicht ließe sich auf diesem Weg auch ein objektiveres Maß für die in politischen Debatten häufig angeführten Stimmungslagen oder die Zu- oder Abnahme der Bedeutung von Themen gewinnen. Die automatische Analyse der Vorgänge in den sozialen Medien könnte im Extrem in Echtzeit über Stimmungen in der Bevölkerung informieren.

Die Psychologie gehört wie die Mathematik zu den Gründungsdisziplinen der Kognitionsforschung, jenes interdisziplinären Unternehmens, das sich zum Ziel gesetzt hat, zu verstehen, wie das menschliche Denken funktioniert. Psychologie der menschlichen Informationsverarbeitung oder Kognitionspsychologie heißt das Feld, in dem sich Mensch und Maschine aneinander abarbeiten. So hat etwa im Bereich der visuellen Wahrnehmung der Versuch, Maschinen das Sehen beizubringen, erst deutlich gemacht, wie kompliziert dieser Prozess ist. Zu Beginn der Forschung dachte man, wenn ein Roboter erst mit einer leistungsfähigen Kamera ausgestattet sei, sei das Problem der *computer vision* so gut wie gelöst. Tatsächlich fingen die Probleme damit erst an. Heute ist klar, dass Sehen eher ein aktives Abfragen der Umgebung als ein passives Aufnehmen ist. Wie Menschen ihre visuelle Orientierung in der Welt so effizient zuwege bringen, ist bis heute nicht vollständig verstanden.

In der Hirnforschung findet das maschinelle Lernen Verwendung, um die Aktivität des Gehirns zu entschlüsseln. Von konkretem Nutzen sind diese Verfahren auch für die Steuerung von Prothesen. Die Aktivität noch funktionsfähiger Nervenzellen wird registriert und an eine Prothese übertragen. Mensch und Maschine können sich dann in einem Lernprozess aneinander anpassen: Der Mensch generiert ein Signal, das die Prothese in die gewünschte Bewegung umsetzt. Ähnlich funktioniert das Unternehmen, durch die Ableitung der Gehirnaktivität etwa einen Rollstuhl, einen Roboterarm oder ein Computerprogramm zu steuern. Hier geht es weniger um ein «Gedankenlesen» als darum, dass der Mensch übt, etwa durch die Vorstellung bestimmter Bewegungen deutlich unterscheidbare Signale zu produzieren, die wiederum ein Algorithmus zu erkennen lernen kann.

In vielen Disziplinen, besonders in den datenintensiven Bereichen der Medizin und der Naturwissenschaften, aber auch in den Geisteswissenshaften, sind lernende Verfahren also schon massiv im Einsatz, in anderen wird erst darüber nachgedacht, ob und wo man sie verwenden kann. Insgesamt wird auf die Dauer kaum eine Disziplin von den neuen Möglichkeiten der Datenauswertung unberührt bleiben.

Doch selbst wenn Algorithmen die Datenanalyse übernehmen und sich Laborarbeit teilweise längst an Roboter delegieren lässt: dass KI die Forscher ersetzt und allein neue Erkenntnisse generiert, ist nicht abzusehen. Zum einen sind die lernenden Verfahren nur einsetzbar, wo es ausreichend Daten gibt. Zum anderen reicht es nicht, Algorithmen mit Daten zu überhäufen. Gerade weil die lernenden Systeme außerhalb des Bereichs, für den sie trainiert worden sind, leicht Unsinn produzieren, geht es nicht ohne Fachleute, die kluge Fragen stellen und einen kritischen Blick darauf haben, wo welche Systeme überhaupt sinnvoll eingesetzt werden können – und wo der Einsatz weniger ressourcenintensiver und durchsichtigerer Verfahren sinnvoller wäre.

Lernende Systeme unterstützen die Forscher, beschleunigen ihre Arbeit, holen mehr aus den zur Verfügung stehenden Daten heraus, objektivieren Vergleiche und geben hin und wieder eine Inspiration. Oft tragen sie eher indirekt zu einem besseren Verständnis der Phänomene bei, indem sie darauf hinweisen, wo auffällige Korrelationen bestehen. Nach wie vor müssen Menschen diese Hinweise prüfen und in einem zweiten Schritt nach Erklärungen für diese Befunde suchen.

Denn die lernenden Algorithmen liefern Korrelationen, keine Erklärungen. In der Wissenschaftsphilosophie wird derzeit diskutiert, ob wir gerade eine grundlegende Veränderung in der Wissenschaft erleben: weg von den erklärenden Theorien hin zu aus großen Datenmengen gelernten, aber letztlich nicht verstandenen Zusammenhängen. Autoren wie der Amerikaner James Bridle sehen sogar ein neues dunkles Zeitalter aufziehen, in dem der Mensch darauf verzichtet, die Welt zu verstehen, und sich stattdessen an die Muster hält, die Algorithmen für ihn entdecken.[22] Andere argumentieren gerade in die Gegenrichtung: Erst eine erklärende Theorie hebe aus der Menge möglicher, aber zum Teil unsinniger Korrelationen die wichtigen heraus. Je größer die Datenmenge wird, die zu analysieren ist, desto größer sei auch die Wahrscheinlichkeit sinnloser Scheinkorrelationen. Zudem macht erst eine Erklärung kausaler Zusammenhänge sinnvolle Handlungen möglich. So mag zwar das Auftauchen von Störchen im Frühjahr mit einer erhöhten Geburtenrate korrelieren, dennoch wird sich das Abfangen von Störchen nicht als wirksames Verhütungsmittel erweisen. In der Werbebranche mögen unverstandene Korrelationen ausreichen, um Personengruppen gezielt Werbung zukommen zu lassen, Hauptsache, es funktioniert, egal, warum. In der Wissenschaft hingegen könnten erklärende Theorien umso wichtiger werden, je mehr Korrelationen lernende Systeme aus den Datenmengen herausdestillieren.

Trotz dieser Probleme werden Forscher die wachsende Geschwindigkeit und Datenverarbeitungskapazität der Computer dazu nutzen, immer komplexere Algorithmen für immer komplexere Entscheidungen und Prognosen zu nutzen. Simulationen zukünftiger Prozesse, die nicht im Detail nachvollzogen werden können, werden dabei eine immer größere Rolle spielen. Auch wenn die ganz großen Theorien der Naturwissenschaften wie die Relativitätstheorie von diesen Umbrüchen eher nicht betroffen sein werden, wird sich im Bereich der angewandten Forschung vieles verändern. Menschliche Entscheidungen werden immer häufiger auf Ergebnissen von Prozessen beruhen, die wir nicht mehr durchschauen und bei denen wir lediglich noch prüfen können, ob sie verlässlich sind. Viele Entscheidungen dürften dann eher auf guten Erfahrungen mit dem jeweiligen System beruhen als auf echtem Verständnis. Das mag man für unheimlich halten oder für einen Segen: Schließlich hat der Mensch seine Probleme mit allzu komplexen Konstellationen. Doch je mehr wir zum Beispiel in Umweltprozesse eingreifen, und sei es, um diese zu stabilisieren, desto mehr müssen wir uns mit komplexen Systemen auseinandersetzen. Dabei kann die KI helfen. Dennoch bleibt der Begriff der Erkenntnis unverändert an das gebunden, was ein Mensch nachvollziehen kann.

Daten – ein schwieriger Rohstoff. Die Analyse großer Datenmengen gibt der Forschung neue Möglichkeiten: Neue Fragestellungen lassen sich bearbeiten, neue Forschungsfelder tun sich auf. Daten, so heißt es bisweilen, sind das neue Öl oder gar das neue Gold des digitalen Zeitalters. Sie werden, wie wir gesehen haben, gebraucht, um die lernenden Systeme zu trainieren. Doch ebenso wie Gold und Öl sind Daten kein unproblematischer Rohstoff. Anders als Öl verbrauchen sie sich zwar nicht, aber sie veralten. Man braucht sie ständig frisch, in passendem Format und großer Zahl. Sie müssen gesammelt, gespeichert, aufbereitet und für den Prozess des überwachten Lernens annotiert werden, bevor man sie verwenden kann. Unvollständige Datensätze müssen ergänzt werden. Personenbezogene Daten dürfen nur unter besonderen Auflagen erhoben werden, die Betroffenen müssen der Verwendung zustimmen, und die Daten müssen vor Gebrauch anonymisiert oder pseudonymisiert werden. Letzteres gestaltet sich mehr und mehr zu einem Wettrennen zwischen Techniken der Anonymisierung und solchen, die verwendet werden, um anonymisierte Daten doch wieder konkreten Personen zuzuordnen. Datenschützer weisen immer wieder darauf hin, dass es keine wirklich sichere Möglichkeit gibt, Daten zu anonymisieren. Neben gesetzlichen Vorgaben fehlen in vielen Fällen auch die technischen Möglichkeiten, gesetzliche Forderungen zu erfüllen. Auch, wie die Einhaltung solcher Vorschriften überwacht werden kann, ist alles andere als klar. Insgesamt ist die Beschaffung und Vorbereitung von Daten oft aufwändiger und teurer als ihre Analyse.

Immer mehr wissenschaftliche Journale verlangen inzwischen, dass neben den Ergebnissen von Studien auch deren Datenbasis veröffentlicht wird, damit die Ergebnisse überprüft und Studien gegebenenfalls wiederholt werden können. Und was geschieht mit Daten, wenn die Studien, für die sie erhoben wurden, beendet sind? Müssen sie weiter gepflegt und anderen Projekten zur Verfügung gestellt werden?

Die Datenbeschaffung und -verarbeitung erfordert für die Universitäten und Forschungsinstitutionen eine ganz neue Infrastruktur. Forschungsdatenmanagement ist zu einem wichtigen Teil der Universitätslandschaft geworden, Datenzugang und Rechenpower werden zu entscheidenden Faktoren im Rennen um wissenschaftliche Erkenntnisse. Immer wieder sehen sich Forscher öffentlicher Einrichtungen zudem damit konfrontiert, dass sie an Daten, die bei den großen Internetkonzernen oder anderen privaten Firmen liegen, nicht herankommen. Kooperationen etwa von Krankenhäusern und großen Konzernen, bei denen die Krankenhäuser Patientendaten bereitstellten, um Programme zu trainieren, sind immer wieder als datenschutzrechtlich zumindest bedenklich kritisiert worden. Deshalb setzt etwa Google für sein Projekt Verily auf die Daten von eigens dazu rekrutierten Versuchspersonen, die ihre Vitaldaten über zehn Jahre messen und dem Konzern zur Verfügung stellen.

Und immer häufiger haben private Konzerne auch in der Forschung die Nase vorn, wie Google DeepMind es bei einem internationalen Wettbewerb zur Voraussage von Proteinfaltungen demonstrierte: Mit ihrem Programm AlphaFold verwiesen sie die Universitätsforscher auf die Plätze – und sorgten unter diesen für einiges Nachdenken. Werden wissenschaftliche Probleme bald von Informatikern gelöst?

Medizininformatiker, Datenschutzbeauftragte und Ethikkommissionen versuchen, diesen Problemen beizukommen. Dabei stehen sie im auch politisch umkämpften Spannungsfeld zwischen möglichen Erkenntnissen, die sich aus dem Abgleich großer Datenmengen gewinnen lassen könnten, und den Anforderungen des Datenschutzes.

Zugleich beschäftigt das Phänomen Daten die Rechtsprechung: Wem gehören (Forschungs-)Daten? Dem, der sie erhoben hat? Dem, von dem sie erhoben wurden? Sollen Daten überhaupt jemandem gehören oder nicht vielmehr sicher verwahrt allen Forschenden zur Verfügung stehen, schon, damit sie nicht wieder und wieder erhoben werden müssen oder nach dem Ende eines Forschungsprojekts auf einer Festplatte in irgendeinem Schrank enden? Und wie können Menschen ihre Daten zugleich der Forschung zur Verfügung stellen und doch kontrollieren, was mit diesen Daten geschieht?

In der Ökonomie zeigt sich, dass über neue datenbasierte Geschäftsmodelle leicht monopolartige Strukturen entstehen. Wer erst einmal genug Daten hat, um ein interessantes Geschäftsmodell aufzustellen, etwa individuell zugeschnittene Versicherungen oder Busverbindungen zu genau den Zeiten und auf den Strecken, die am meisten nachgefragt oder von der Bahn am wenigsten abgedeckt werden, wird eben dadurch seinen Datenpool immer weiter vergrößern und so die Angebote noch gezielter und damit für den Kunden billiger anbieten können. An den großen Handelsplattformen und Suchmaschinen kommen kleine Anbieter kaum vorbei und müssen sich ihren Bedingungen beugen. Diese «Winner takes all»-Strategie soll in der Wissenschaft und vor allem im Gesundheitssektor vermieden werden. Gerade Letzterer ist aber ausgesprochen lukrativ, was die großen Daten sammelnden Konzerne motiviert, sich hier so gut wie möglich zu etablieren.

Auf der Suche nach einer Lösung sind neue Formate wie die Datenspende im Gespräch: So könnte etwa ein Patient beim Arztbesuch festlegen, welche seiner Daten für welche Forschungszwecke verwendet werden dürfen. Der Deutsche Ethikrat hat schon 2017 ein Gütesiegel für nachvollziehbar erzeugte, anonymisierte Daten vorgeschlagen. Ein weiteres Modell ist der Daten-Treuhänder. In der unabhängigen Treuhandstelle der Universitätsmedizin Greifswald etwa sind in den sechs Jahren ihres Bestehens knapp zehn Millionen anonymisierte Datensätze gesammelt worden, samt der Einwilligungserklärungen der Patienten. Über Transferstellen können Forscher Zugang zu diesen Daten beantragen.

Da die rechtliche Situation im Umbruch bzw. noch im Aufbau ist und zudem in Deutschland, in Europa und weltweit unterschiedliche Gesetze gelten, ist es in der Forschung alles andere als einfach, all diese Reglungen zugleich zu berücksichtigen. In vielen Ländern wird, auch angestoßen von der Europäischen Datenschutz-Grundverordnung, gerade erst über gesetzliche Regelungen nachgedacht, was die Lage nicht übersichtlicher machen wird. Dennoch dürfte klar sein, dass Menschen sich nur dann bereitfinden, ihre Daten der Forschung zur Verfügung zu stellen, wenn sie darauf vertrauen können, dass ihnen daraus keine Nachteile erwachsen. Hier besteht neben der gesetzlichen Regelung, ihrer Umsetzung und ihrer Kontrolle die Herausforderung auch darin, den Menschen die Chancen und Risiken des Umgangs mit ihren Daten zu erklären.

Roboter. Schon Hephaistos, der Gott der Schmiede, soll der antiken Mythologie zufolge einen Roboter gebaut haben: Talos, der die Insel Kreta bewachen sollte. Geschichten von künstlichen Gehilfen und anderen, oft mit allerlei Zauber zum Leben erweckten Wesen durchziehen die Kulturgeschichte des Abendlandes. Später kommen Berichte von kunstvollen Automaten in Gestalt von Menschen oder Tieren hinzu, die sich bewegen oder musizieren konnten: Flötenspieler, künstliche Schwäne, ein Schachautomat. Die Geschichte der modernen Roboter beginnt in den 1950er Jahren, als der US-amerikanische Erfinder

George Devol mit Unimate den ersten Industrieroboter zum Patent anmeldete.

Noch ist es etwas Besonderes, wenn Roboter sich unter Menschen zeigen, im Museum mit den gelangweilten Kindern der Ausstellungsbesucher Verstecken spielen, im Hotel an der Rezeption stehen, am Flughafen oder im Supermarkt versuchen, Fragen der Reisenden oder Kunden zu beantworten oder, wie in Dubai und in China, als Roboter-Polizisten Streife fahren. Dennoch ist Künstliche Intelligenz untrennbar mit der Vorstellung von Robotern verbunden. Sie sollen uns die gefährlichen und langweiligen Arbeiten abnehmen, sollen einmal Haushaltshelfer, fahrbarer Untersatz oder Gefährte sein.

Dabei stellen künstliche Menschen, die Humanoiden oder Androiden, nur einen sehr kleinen Teil der Welt der Roboter dar. Im Schatten der so spektakulären wie werbewirksamen Auftritte von Robotern wie Sophia aus dem Hause Hanson-Robotics, der in Talkshows auftritt und von Saudi-Arabien die Staatsbürgerschaft verliehen bekam, ist ein ganzer Zoo unterschiedlicher Roboter entstanden. In den Labors von Universitäten, Unternehmen und des Militärs tummeln sich Maschinen, die laufen, kriechen, hüpfen, fahren, fliegen oder schwimmen. Die Roboter-Biene der Harvard-Universität kann schwimmen, sich aus dem Wasser erheben und losfliegen.

Die meisten dieser Roboter bestehen aus Plastik, Metall und anderem harten Material, manche sind weich wie Gummibärchen, können empfindliche Dinge ergreifen, ohne sie zu zerstören, oder ihre Form verändern und sich, wenn nötig, durch enge Ritzen zwängen. Manche sind groß wie Lastwagen, andere finden auf einem Fingernagel Platz. Sie werden für Einsätze als Katastrophenhelfer trainiert, sollen Umweltdaten erheben, die Kanalisation überprüfen, den Mars erforschen, Bäume fällen oder im Krankenhaus die Wäsche zur Wäscherei fahren. Andere helfen bei Operationen oder sollen einmal durch den Körper kriechen und Medikamente gezielt an bestimmte Stellen bringen oder Blutgefäße von Ablagerungen befreien.

Die meisten dieser Entwicklungen sind Prototypen und kommen erst nach und nach zum Einsatz. Die Roboter, die unsere Arbeitswelt schon heute massiv verändern, haben ihren Platz nach wie vor in den Fabrikhallen und arbeiten unter ihresgleichen: die Schwarmroboter der Logistik, die in den Lagerhäusern der großen Internethändler die effizientesten Transportwege berechnen und die gewünschten Dinge zu den Packstationen oder gleich zum Lastwagen bringen; die Fertigungsstraßen, auf denen Fließbänder und Greifarme die Werkstücke von einem Fertigungsschritt zum nächsten transportieren und der Mensch nur noch anwesend ist, um Störungen zu beheben, ein verklemmtes Bauteil zurechtzurütteln oder ein schadhaftes Teil auszuwechseln. Industrieroboter stellen bis heute die größte Gruppe unter den Robotern. Dem Statistik-Portal Statista zufolge sind weltweit etwa 1,8 Millionen im Einsatz, eine halbe Million davon in Europa. Die meisten Roboter pro angestelltem Menschen arbeiten in Korea, gefolgt von Japan, Deutschland und den USA; der chinesische Markt gilt als derjenige mit dem größten Wachstum. Industrieroboter arbeiten vor allem in der Auto- und der Elektrobranche sowie in der Metallverarbeitung, kommen aber nach und nach in immer mehr Bereichen zum Einsatz. Sie schweißen, lackieren, kleben, schrauben und nieten in hohem Tempo, sie ergreifen Werkstücke, drehen sie blitzschnell in die richtige Position und reichen sie weiter, oft mit wesentlich mehr Gelenken und damit Bewegungsmöglichkeiten, als dem menschlichen Arm zur Verfügung stehen.

Bis heute sind die meisten dieser Roboter «dumm»: Sie werden eingerichtet und erfüllen dann immer wieder dieselbe Aufgabe. Doch je komplexer die Vorgänge werden, die automatisiert werden sollen, und je mehr unterschiedliche Maschinen zusammenarbeiten sollen, desto größer wird der Bedarf an flexibleren Systemen. Um flexibler zu werden, müssen Roboter in der Lage sein, die Umgebung wahrzunehmen und ihre eigenen Handlungen zu planen. Denn ein Arm, der seine Umgebung nicht wahrnehmen kann, kann immer nur genau dieselbe Bewegung ausführen, und wenn das Werkstück, das er ergreifen soll, ein Stück weiter rechts oder links liegt als erwartet, kann er sich nicht korrigieren.

Um flexibler zu werden, müssen auch Roboter lernen. Eine

sehr große Anzahl von Trainingsläufen zu absolvieren, kostet allerdings Zeit. Wenn solche Trainingsläufe lediglich als Berechnungen in Hochleistungscomputern ablaufen, spielt das keine so große Rolle. Doch Roboter können sich nun einmal nicht schneller bewegen als in Echtzeit. Daher arbeiten Forscher an unterschiedlichen Verfahren: Manche nehmen ihre Roboter bei der Hand und führen mit ihnen die Bewegung durch, die sie erlernen sollen, andere versuchen, sie zu lehren, sich die Bewegungen bei einem Menschen abzuschauen. Wieder andere trainieren ein digitales Abbild des Roboters im Computer und übertragen die Steuerung dann mit einigen Nachbesserungen auf den realen Roboter. Oder sie erarbeiten Modelle der auszuführenden Aktion: abstrakte Darstellungen, wie eine Aufgabe zu lösen ist. Mit ihrer Hilfe kann der Roboter dann berechnen, wie er sich bewegen muss. So kann man den Systemen eine Art Hintergrundwissen mitgeben. Dass Körper herunterfallen und wann sie unten ankommen oder was eine Wurfparabel ist, muss sich der Roboter dann nicht selbst erarbeiten. Das System bekommt also einen groben Rahmen vorgegeben und kann dann seine Bewegungen durch Lernen an die jeweilige Aufgabe anpassen und sie optimieren.

Solche Vorgaben müssen die Welt allerdings richtig wiedergeben. Und sie müssen sich an die Welt anpassen können, wenn diese sich verändert. Das Modell einer Bewegung, mit der ein Roboter einen Ball fangen soll, nützt nicht viel, wenn man nicht weiß, wie groß, wie schwer und wie schnell der Ball ist. Hier können Lernverfahren, vor allem das Reinforcement-Lernen (siehe S. 41) anknüpfen. Dabei bekommt ein System eine Rückmeldung über den Erfolg oder Misserfolg seiner Versuche und kann sich mit ihrer Hilfe verbessern und sich an Veränderungen anpassen: an Werkstücke unterschiedlicher Form und Größe, aber auch an Temperaturunterschiede, Reibung oder die Alterung des Materials im Arbeitsprozess. Solches Lernen durch Feedback wird umso wichtiger, je mehr die starren Arbeitsmaschinen durch leichtere und damit elastischere Roboter ersetzt werden.

Eine andere Herausforderung ist die Sicherheit derjenigen

Roboter, die einmal ohne schützende Zäune mit Menschen zusammenarbeiten sollen, der sogenannten kollaborativen Roboter. Auch hier arbeiten Forscher mit unterschiedlichen Ansätzen: einer druckempfindlichen Haut, die die Maschine sofort anhalten lässt, wenn sie irgendwo anstößt, mit Augen, mit denen der Roboter zwar nicht sehen kann, die er aber auf seinen Arbeitsbereich richtet, sodass der Nutzer erkennen kann, wo der Roboter aktiv werden wird. In der Praxis ist das Mittel der Wahl bislang vor allem ein sehr geringes Arbeitstempo, damit der Mensch von den Bewegungen der Maschine nicht überrascht wird. Ob es möglich sein wird, den Roboter die Bewegungen eines Menschen analysieren und vorhersagen zu lassen, um ihm frühzeitig auszuweichen, ist bislang offen.

Vielleicht werden Roboter auch noch viel zu sehr als künstliche Menschen gedacht. Haushaltsgegenstände, die einzelne Dinge tun können, etwa ein Stuhl, der sich auf Zuruf aus der Abstellkammer an den Tisch begibt, wären leichter zu realisieren als der viel diskutierte künstliche Butler.

Je flexibler ein System agieren kann, je seltener es die Hilfe des Menschen benötigt, desto autonomer ist es. In den Visionen von autonomen Maschinen ist eine derzeit besonders prominent: das selbst steuernde Auto. Um dessen Leistungen einzuordnen, haben Forscher fünf Autonomie-Klassen definiert, vom klassischen, vom Menschen gelenkten Wagen bis hin zum vollständig autonomen Fahrzeug. In der Entwicklung der (teil-)autonomen Fahrzeuge haben die Forscher mit mehr und mehr Assistenzsystemen eine dieser Stufen nach der anderen erklommen. Automatische Abstandhalter, Spurhalteassistenten und Einparkautomatik machen das Fahren leichter und sicherer. Die besten unter den Roboterautos bewegen sich derzeit auf Stufe vier, das heißt, sie können auch im Stadtverkehr bestimmte Strecken weitgehend ohne menschliche Eingriffe fahren. Der Schritt von Stufe vier zu Stufe fünf ist allerdings noch sehr groß. Vor allem die Wahrnehmung der Umgebung und die Beurteilung des Wahrgenommenen ist für die Fahrzeuge eine Herausforderung. Personen sind nicht leicht zu erkennen, oft sind sie teilweise verdeckt oder treten hinter Fahrzeugen oder Bushaltestellen hervor. Oder sie laufen vor einem Plakat entlang und das Fahrzeug muss erkennen, was Hintergrund und was Mensch ist. Zudem ist es für einen Algorithmus, wie immer wieder auch für uns selbst, nicht leicht abzuschätzen, was Menschen als Nächstes tun werden: Bleiben sie stehen oder gehen sie doch über die Straße?

Um möglichst sicherzugehen, kombinieren die Forscher unterschiedliche Sensoren: Kameras, Laserscanner und Radar. Kameras sind gut darin, Objekte zu unterscheiden, können aber nicht gut Distanzen angeben, und sie funktionieren nicht gut, wenn es dunkel ist oder die Sonne direkt hineinscheint. Laserscanner können gut die Distanzen messen, sind aber sehr teuer, Radar ist auch gut in der Distanzmessung, kann aber kleine Objekte nicht gut unterscheiden. Auch, wie man die Daten all dieser Sensoren am besten zusammenführt und auswertet, ist derzeit ein wichtiges Forschungsthema.

Um teilautonomes Fahren zu realisieren, nehmen Forscher bisweilen auch eine Art Abkürzung. Obwohl die Kameras des Wagens die Ampel im Prinzip erkennen können, bekommt der Wagen sicherheitshalber ein Signal von der Ampel, das ihm sagt, was sie gerade anzeigt. Zudem geben die Forscher dem Wagen detaillierte Karten für die vorgesehenen Teststrecken mit, damit er weiß, wo er sich befindet: Häuser, Bäume und Bordsteinkanten sind darauf verzeichnet. Vermutlich werden wir in der Zukunft immer ausgefeiltere Assistenzsysteme sehen. Auf ein völlig autonom fahrendes Fahrzeug, das sich zwischen herkömmlichen Autos, Fußgängern und Radfahrern durch das Durcheinander einer Innenstadt bewegt, werden wir hingegen noch warten müssen.

Stattdessen stellt sich ein anderes Problem: Es ist psychologisch unrealistisch, von einem Autofahrer zu erwarten, sich auf der einen Seite den Assistenzsystemen anzuvertrauen, auf der andern aber dem Verkehrsgeschehen so aufmerksam zu folgen, als wenn er selbst steuern würde, damit er schnell genug eingreifen kann, sollte das Fahrzeug überfordert sein. Der Mensch braucht nun einmal eine Weile, bis er sich auf eine Situation eingestellt hat – und diese Weile könnte in brenzligen Situationen zu lang sein.

Zudem wäre zu bedenken: So faszinierend die Vision des autonomen Fahrzeugs sein mag – ohne dieses, wenn es sich denn einmal realisieren lässt, klug in ein neues Verkehrskonzept zu integrieren, in dem vor allem der öffentliche Nahverkehr gestärkt wird, wird es unsere Verkehrsprobleme nicht lösen.

Autonome Waffensysteme. Die KI-Forschung ist seit ihren Anfängen auch ein Kind des Militärs. Seit den ersten Dekodierungs- und Übersetzungssystemen hat vor allem das US-Militär die Entwicklung der KI massiv gefördert. Von Software, die Luftbilder auswertet, über Exoskelette, die Soldaten mehr Kraft verleihen, bis hin zu Drohnen und zu Systemen zur Steuerung von Waffensystemen hat das Militär für viele Entwicklungen aus dem Bereich der KI und der Robotik Verwendung. Hinzu kommen die neuen «Cyberschlachtfelder», auf denen um die Kontrolle ziviler und militärischer Computersysteme gerungen wird. Und auch die Möglichkeiten, Informationen zu verfälschen, sind für militärische Zwecke von Interesse.

Forscher betrachten die Entwicklung autonomer Waffensysteme bereits als die dritte Revolution der Kriegstechnik nach der Erfindung des Schießpulvers und der Atomwaffen. Ein Bericht des Future of Life Institute listet allein 284 Waffensysteme auf, die mehr oder weniger autonom agieren können. Bei den meisten handelt es sich um Raketen, die ihre Ziele selbst suchen. Neben den USA gelten Russland, China, Frankreich, Israel und Deutschland als die bei dieser Technologie am weitesten fortgeschrittenen Länder. Darüber, wie weit die militärische Forschung der zivilen heute voraus ist, gibt es nur Spekulationen. Fest steht, dass das Geschehen auf den Schlachtfeldern immer komplexer wird und Entscheidungen immer schneller getroffen werden müssen. Systeme, die Informationen vorfiltern oder Entscheidungen gleich selbst treffen, könnten dabei einen strategischen Vorteil bedeuten.

Wie bei den zivilen Fahrzeugen werden bei Waffensystemen verschiedene Stufen der Autonomie unterschieden. Zwischen vollständig autonomen Systemen, die ihre Ziele selbst suchen und entscheiden, wann sie ihre Waffe abfeuern, und ferngesteuerten Systemen, bei denen der Mensch jede wichtige Entscheidung selbst trifft, finden sich solche, bei denen Menschen den Entscheidungsrahmen festlegen, innerhalb dessen ein System agieren kann, oder bei denen der Einsatz einer Waffe erst bestätigt werden muss.

Zielsuchende Munition berechnet die Flugbahn selbst und identifiziert das Ziel anhand von Bilderkennung oder einer Markierung. Drohnen können etwa Panzer oder Radarstationen selbsttätig ausmachen und angreifen. Noch sind diese Systeme vor allem dort unterwegs, wo viel Platz ist: in der Luft, auf dem Wasser oder in Grenzregionen. Obwohl viele der Systeme technisch dazu in der Lage wären, agieren sie bislang angeblich nicht völlig autonom. Fachleute geben aber zu bedenken, dass es sich hier um ein Kontinuum handelt: Die Systeme werden zunehmend selbständiger. Zudem ist der Mensch, auch wenn ihm die Entscheidung über das Abfeuern einer Waffe vorbehalten bleibt, auf die Vorauswahl von Informationen durch ein Computersystem angewiesen. Alle Daten zu betrachten und abzuwägen, würde viel zu lange dauern. Hier stellen Forscher die Frage, inwieweit der Mensch, der in eine solche Befehlskette eingebunden ist, tatsächlich noch in einem relevanten Sinne entscheiden kann.

Vor allem die zunehmende Beschleunigung des Geschehens macht Experten Sorgen. Nicht nur akute Konflikte, auch Missverständnisse, die entstehen können, wenn in unterschiedlichen Ländern entwickelte Systeme an den Grenzen aufeinanderstoßen, könnten zu ebenso schneller wie ungewollter Eskalation führen. Beängstigend ist auch die Vorstellung, einfache autonome Waffensysteme, die kostengünstig herzustellen und auf dem Schwarzmarkt zu handeln sind, etwa kleine bewaffnete Drohnen, könnten zu den «Kalaschnikows der Zukunft» werden.

Verschiedene Nichtregierungsorganisationen setzen sich inzwischen für ein Verbot autonomer Waffensysteme ein. Auch KI-Forscher haben ein Manifest veröffentlicht, in dem sie zu einem Moratorium aufrufen, bis die wichtigsten dieser Probleme geklärt sind.[23] Im Rahmen der Convention on Certain Conventional Weapons (CCW) wird auf der Ebene der Vereinten Nationen über ein internationales Verbot autonomer Waffensysteme verhandelt – bislang erfolglos. Keines der Länder, die solche Systeme herstellen können, hat sich der Forderung nach einem Verbot angeschlossen, auch Deutschland nicht. Vielmehr herrscht hier die Logik des Wettrüstens: Für den Fall, dass der andere solche Systeme entwickelt, müsse man auch selbst etwas in der Hinterhand haben.

Dem oft gehörten Argument, man könne mit dieser Technologie die eigenen Soldaten schützen, steht der Einwand entgegen, dass sie den Krieg umso asymmetrischer mache: Hochgerüstete Industrienationen können ihre Drohnen schicken, denen ärmere Staaten nicht viel entgegenzusetzen haben. Auch die Idee, man könne diesen Systemen beibringen, sich an die Regeln des Kriegsvölkerrechts zu halten, betrachten Fachleute als utopisch. Die Vorstellung, dass Kriege präziser und für Unbeteiligte weniger gefährlich sein könnten, wenn autonome Waffensysteme eingesetzt werden, wird ebenfalls kritisch gesehen: Zum einen ist nicht klar, ob diese Idee realistisch ist. Zum anderen könnte diese Einschätzung dazu führen, Kriege leichter zu beginnen. Ein weiteres Argument für den Einsatz autonomer Systeme besagt, dass sie das Kriegsgeschehen transparenter machen könnten. Auch dies halten Fachleute für unsinnig: Schließlich entscheide nach wie vor das Militär darüber, welche der vorhandenen Informationen freigegeben werden.

Gegen ein offizielles Verbot autonomer Waffensysteme wird auch angeführt, Staaten oder militärische Gruppen könnten sich dann mit heimlich produzierten, weniger gut getesteten und somit unsicheren Waffen ausstatten. Daher sei es besser, diese Waffensysteme zu regulieren, anstatt sie zu verbieten. Eine solche Regulierung dürfte freilich nicht einfach sein, da Systeme nach einer Kontrolle durch das Aufspielen neuer Software leicht verändert werden können. Autonome Waffensysteme und die durch sie beförderte Beschleunigung von Konflikten gehören sicher zu den problematischsten Errungenschaften der KI-Forschung.

Künstliche Intelligenz für Umweltschutz und Nachhaltigkeit. Lernende Algorithmen lösen Optimierungsprobleme. Eine der großen, immer wieder formulierten Erwartungen an die KI ist, dass sie durch die Optimierung von Ressourcennutzung, durch die bessere Überwachung der Umwelt und effizienteres Management der Energiesysteme zum Umwelt- und Klimaschutz beitragen und unser Leben nachhaltiger machen kann. Die Erhebung, Zusammenführung und Auswertung von viel mehr und vielfältigeren Daten sollen zudem helfen, das System Erde und das Zusammenwirken ihrer vielfältigen Prozesse besser zu verstehen.

Diese Hoffnung steht auch im Mittelpunkt der Deutschen Nachhaltigkeitsstrategie. Auch der Wissenschaftliche Beirat der Bundesregierung Globale Umweltveränderungen (WBGU) hat in einem 2019 veröffentlichten Gutachten für die Chancen der Digitalisierung für Umweltschutz und Nachhaltigkeit geworben.[24] Eine aktuelle Studie im Auftrag des Umweltbundesamts[25] konstatiert allerdings, dass Nachhaltigkeit in der Forschungsförderung bislang eher am Rande des Interesses steht und konkrete Beispiele fehlen. Auch im KI-Eckpunktepapier der Bundesregierung sei das Thema Nachhaltigkeit unterrepräsentiert.

Die Autoren dieser Studie fanden weltweit 155 Unternehmen, die sich mit Umweltprojekten befassen, von denen 64 bereits Investorengelder eingeworben hatten. Die Bereiche, in denen sie arbeiten, sind: die Verbesserung der Abfallwirtschaft durch den Einsatz von KI beim Sortieren von Abfällen; die KI-gestützte Beobachtung von Veränderungen des Klimas und der Auswirkungen von Klimakatastrophen; der Einsatz von maschinellem Lernen zur detaillierten Erfassung der Prozesse auf dem Acker zwecks zielgerichteter Düngung und der Reduzierung von Pflanzenschutzmitteln; sowie die Vernetzung von Haus- bzw. Gebäudetechnik zur Erhöhung ihrer Energieeffizienz.

Die Autoren sehen darüber hinaus vor allem vier Bereiche, in denen KI im Sinne der Nachhaltigkeit helfen könnte:

An erster Stelle steht die Optimierung der Produktion im Rahmen der Industrie 4.0 (siehe S. 95). Idealerweise sollten sich hier die Interessen von Betriebswirtschaft und Umweltschutz decken, wenn nämlich die effizientere Produktion auch die ressourcenschonendere ist. Idealerweise führen auch die Entwicklung langlebiger Produkte und das Nachverfolgen einzelner Komponenten über ihren gesamten Lebenszyklus hinweg zu mehr Nachhaltigkeit. Ausgemacht ist allerdings noch nicht, dass Nachhaltigkeit und Gewinnoptimierung so nahtlos zusammenpassen. Die Frage sei, so die Autoren, wie eventuell eingesparte Mittel verwendet werden. Würden sie zur weiteren Expansion genutzt, würde die Produktion erhöht und damit auch der ökologische Fußabdruck vergrößert.

Auch im Bereich der klugen Haustechnik ist es bislang fraglich, ob sich die in die KI gesetzten Hoffnungen erfüllen. So förderte eine Studie im Rahmen des EU-Projekts CELSIUS zutage, dass sich mit dem Einsatz von Smart-Home-Technologie zur Steuerung von Heizung und Lüftung der Energieverbrauch eines Hauses zwar im Prinzip um bis zu 30 Prozent senken lässt, dass dies aber nur gelingt, wenn sich die Nutzer intensiv mit der Steuerung der Anlagen befassen.[26] Da dies in der Regel nicht geschieht, lagen die Ergebnisse der Teilnehmer zwischen einer Senkung des Energiebedarfs um 33 Prozent und einer Steigerung um 26 Prozent. Diese Steigerung führten die Forscher auf verschiedene Faktoren zurück, etwa falsch eingestellte Technik, aber auch verstärktes Heizen, weil dieses ja nun sparsamer sei.

Solche sogenannten Rebound-Effekte, bei denen Zuwächse die Einsparungen noch übertreffen, wären auch für andere Einsatzmöglichkeiten von KI zu prüfen: Wenn Menschen mehr online einkaufen, fahren sie vielleicht selbst weniger Auto, schicken aber mehr Waren zurück, die transportiert werden müssen. Auch damit ist der Umwelt nicht wirklich geholfen.

Den zweiten Bereich mit Potential für die KI finden die Autoren in der Bereitstellung einer sicheren, für alle gleichermaßen zugänglichen und am besten mit erneuerbaren Energien betriebenen Infrastruktur. Lernende Verfahren könnten dazu beitragen, diese möglichst optimal und daher energiesparend und ressourcenschonend zu nutzen.

Hinzu kommt die Verwendung von KI-Verfahren in Sicherheits- und Warnsystemen: Im Kontext der umfassenden Erhebung unternehmerischer Daten zu Maschinenauslastungen, Ressourcenflüssen, Energieverbräuchen, etc. können KI-basierte Detektions-, Warn- und Prognosesysteme dazu beitragen, drohende Grenzwertüberschreitungen frühzeitig zu erkennen bzw. zu vermeiden. KI-basierte Softwarelösungen können helfen, Nutzungsszenarien zu planen und mögliche Auswirkungen auf die Umwelt im Voraus zu berechnen. Sie können weiterhin helfen, kritische Parameter etwa im Energie- und Verkehrssektor in Echtzeit zu überprüfen, und vielleicht sogar den Bürgern über eine stetige Berechnung ihres CO_2-Fußabdrucks Hinweise geben, wie sie ihr Verhalten umweltfreundlicher gestalten könnten. Bei der Überwachung von Naturräumen lassen sich Drohnen nutzen, um den Zustand der Vegetation einzuschätzen und Tiere in Regionen zu beobachten, die von Menschen nur schlecht erreicht werden können, von der Tiefsee bis in die Baumkronen. Unterwasserroboter können Meeresverschmutzungen und die Quellen derselben aufspüren.

Ein Bereich, in dem der Einsatz intelligenter Technik bereits zum Einsatz kommt, ist die Landwirtschaft. Landwirtschaft 4.0 oder «Precision Farming» gilt als Schlüssel zu einer nachhaltigen und sicheren Welternährung. Es ist einer der größten Absatzmärkte für robotische Systeme und ein schnell wachsendes Forschungsfeld. Sensoren messen, welche Pflanzen wie viel Dünger, Wasser oder Schädlingsbekämpfung benötigen, welches Tier wie viel Futter frisst, welche Kuh wie viel Milch gibt, welches Ferkel nicht richtig wächst. Bilderkennungsprogramme diagnostizieren Pflanzenkrankheiten, Drohnen überwachen den Zustand der Felder, Traktoren sind GPS-gesteuert zentimetergenau auf den Äckern unterwegs. Zukunftsvision sind Roboter, die auf den Äckern herumkriechen und Unkräuter mechanisch vernichten, ganz ohne Chemie. So könnten der Ertrag gesteigert und zugleich die Umwelt und der Geldbeutel des Landwirts geschont werden.

Kritiker werfen allerdings verschiedene Fragen auf: Lassen sich diese Verfahren dem lokalen Bedarf entsprechend steuern oder arbeiten sie mit Algorithmen, die gar nicht auf die Verhältnisse vor Ort passen? Zudem sei die Technologie teuer in der Anschaffung, was womöglich der weiteren Verdrängung von Kleinbauern und der Zentralisierung und Intensivierung der Landwirtschaft Vorschub leiste. Da Landmaschinen auch Daten für die herstellenden Konzerne sammeln, droht auch hier ein

Ungleichgewicht: Kritiker befürchten, die Konzerne könnten ihre Datenmacht nutzen, um den Landwirten die Daten, die sie auf dem eigenen Acker gesammelt haben, aufgearbeitet und mit zusätzlichen Daten, etwa über das Wetter, versehen, wiederum zu verkaufen. So könnten neue Abhängigkeiten entstehen.

Bei all diesen Einsatzmöglichkeiten ist allerdings auch zu bedenken, dass die smarte Technologie selbst Energie verbraucht. Wie viel genau, ist nicht leicht auszurechnen. Eine Studie von 2018 prognostiziert, dass die großen Datencenter, die digitale Infrastruktur, Handys und der weltweite Datenverkehr 2020 für ebenso viel Ausstoß von CO_2 verantwortlich sein werden wie der weltweite Flugverkehr; 2040 könnten es 14 Prozent sein.[27] Der Datenstrom, der durch das Internet der Dinge erzeugt wird, schwillt ständig an, Menschen streamen mehr und mehr hochaufgelöste Filme, die großen Rechenzentren werden immer leistungsfähiger und auch das Schürfen von Kryptowährungen ist energieintensiv. Zwar betonen die großen Tech-Konzerne immer wieder, sie setzten auf erneuerbare Energien, nach einer Studie von Greenpeace liegt deren Anteil aber bei unter 20 Prozent.[28] Zudem werden die verschiedenen digitalen Gadgets intensiv beworben, sie werden insgesamt zahlreicher und zumeist schnell gegen neue Modelle ausgetauscht, was unnötig Ressourcen und Energie verbraucht.

Forscher der University of Massachusetts haben versucht auszurechnen, wie viel Energie das Training eines lernenden Systems benötigt. Ihr Ergebnis: Das Training eines größeren Modells für maschinelle Übersetzungen produziert 300000 Kilogramm CO_2, was etwa 300 Flügen von New York nach San Francisco und zurück entspreche.[29] Die Forscher beklagen zudem, es sei kaum möglich, an verlässliche Daten zu gelangen, da die Konzerne diese nicht freigäben. Forscher des Allen Institutes for AI haben daher «Green AI» ins Leben gerufen, eine Initiative, die unter anderem dafür plädiert, die Energiekosten von KI-Verfahren öffentlich zu machen und über eine Art Energie-Label («Red AI» versus «Green AI») die Entwicklung energiesparender Verfahren zu fördern.[30]

KI-gesteuerte Prozesse sind also nicht per se umweltfreundlich. Vielmehr ist zu prüfen, wie sie verwendet werden. Wenn Optimierung noch schnelleres Wachstum, noch intensivere Landwirtschaft und noch mehr noch größere Fahrzeuge auf den Straßen bedeutet, hilft die Digitalisierung der Umwelt nicht weiter. Dass das «Raumschiff Erde» von einem zentralen Computer gesteuert werden könnte, der genau berechnet, was wo verbraucht werden darf, um die Erde in einem bewohnbaren Zustand zu halten, ist weder technisch noch politisch realistisch und vermutlich auch nicht wünschenswert. Neben der Lösung des technischen Problems, ein System von solcher Komplexität zu entwickeln, anzulernen und mit Daten zu versorgen, müsste Einigkeit über den zu erhaltenden oder zu erreichenden Zustand erzielt werden. Und zu dessen Realisierung müssten sich dann alle wichtigen Entscheidungen den Vorgaben dieses Programms unterordnen.

Realistischer und weniger totalitär wäre es, die digitalen Verfahren so zu verwenden, dass Menschen vor Ort mit ihrer Hilfe ihr Handeln besser planen können – um kleine dezentrale Energieerzeuger zu koordinieren, auf dem Acker nur zu spritzen und zu düngen, wo es nötig ist, und um die Transportwege der lokalen Handelsketten zu reduzieren.

Auch hier gilt: Der Einsatz von KI ersetzt keine politischen Entscheidungen. So, wie das autonome Fahrzeug nicht automatisch das umweltfreundlichere ist, bringt die bloße Überwachung von Wäldern, Meeren oder Äckern noch keine Veränderung. Der Einsatz intelligenter Technik allein macht weder die Industrie noch die Landwirtschaft oder das städtische Leben nachhaltiger.

Künstliche Intelligenz in der Arbeitswelt. Intelligente Maschinen, die für uns arbeiten und uns so ein angenehmeres Leben ermöglichen, gehören zu den großen Erwartungen an die Künstliche Intelligenz. Allerdings sind Maschinen, die Menschen Arbeit abnehmen, immer auch eine Bedrohung für diejenigen, die von dieser Arbeit leben. Die Frage, wie Künstliche Intelligenz und Digitalisierung den Arbeitsmarkt beeinflussen, gehört daher aktuell zu den meistdiskutierten. Die extrem unterschiedlichen Erwartungen an diese Entwicklung wurden schon früh formuliert: Die Menschen würden sich vor die Aufgabe gestellt sehen herauszufinden, wie sie ihre Freizeit verbringen wollen, die die wachsende Produktivität ihnen verschaffen werde, spekulierte der Ökonom John Maynard Keynes 1928. Der Kybernetiker Norbert Wiener formulierte hingegen schon 1948 die Sorge, dem durchschnittlich begabten Menschen bliebe nach Einzug der intelligenten Maschinen nichts zu verkaufen übrig, für das irgendjemand Geld auszugeben bereit sei.

Bislang liegt zwar auf der Hand, dass Künstliche Intelligenz und Digitalisierung den Arbeitsmarkt verändern werden, aber wie genau dies aussehen wird, ist weniger absehbar. Denn zu den unmittelbaren Auswirkungen der Technologie kommen andere Faktoren, die ihrerseits den Arbeitsmarkt beeinflussen: politische Entscheidungen, Handelskonflikte, Probleme, die durch den Klimawandel entstehen. Es ist nicht immer leicht zu erkennen, welche Veränderungen welche Ursachen haben. Deutlich geworden ist bislang, dass die «disruptiv» genannte Strategie der großen internetbasierten Konzerne die Konkurrenz verschärft, klassische Unternehmen an den Rand drängt und monopolartige Strukturen entstehen lässt. Die großen Tech-Konzerne vergrößern ihren Marktanteil beständig und verhindern durch Zukäufe, dass Konkurrenten neben ihnen entstehen. Oder sie erschweren Mitbewerbern den Marktzugang, indem diese von den Algorithmen der Suchmaschinen oder digitalen Marktplätze benachteiligt werden. Dabei spielen der Besitz großer Datenmengen und die Möglichkeiten, immer wieder neue Daten zu erlangen, eine große Rolle: sei es, um Produkte besser auf die Kunden zuzuschneiden, sei es, um Werbung zu personalisieren und damit effektiver zu machen.

Der wichtigste Beweggrund für den Einsatz digitaler Technologie dürften Effizienzgewinne sein, ein zweiter die Verbesserung, ein dritter die Beschleunigung der Produktion. Die Lohnkosten sind zumeist der größte Posten bei der Herstellung von Produkten. Um deren Anteil zu senken und zugleich hochwertige, am besten individuell konfigurierte Produkte zum Preis von Massenware anbieten zu können, erscheint die Automatisierung der Produktion oft als einziger Weg.

In Deutschland wird diese Form der Produktion als Industrie 4.0 bezeichnet, nach der Industrie 1.0, der ersten industriellen Revolution, der Industrie 2.0 mit der Elektrifizierung der Produktion und der Industrie 3.0 mit der Massenproduktion an Fließbändern. Die vierte industrielle Revolution ist gekennzeichnet durch die Vernetzung von Produktionsanlagen, Produkten und Produktionsschritten im Internet der Dinge, die teilweise automatisierte Steuerung von Produktionsprozessen und durch Assistenzsysteme, die Menschen an ihren Arbeitsplätzen unterstützen.

Die Auswirkungen dieser vierten Revolution auf den Arbeitsmarkt sind derzeit schwer abzuschätzen. Neben Entlassungen bei etablierten Konzernen und Banken sehen wir derzeit einen leergefegten Arbeitsmarkt, auf dem vor allem Facharbeiter, Handwerker und IT-Fachleute händeringend gesucht werden. Studien, die um die 40 bis 50 Prozent aller Berufe verschwinden sehen, werden von den einen als übertrieben, von anderen als nicht radikal genug kritisiert. Zumindest lässt sich feststellen, dass viele Berufe nicht ganz verschwinden, sondern ihren Charakter verändern werden. In den meisten Berufen gibt es Tätigkeiten, die sich leichter automatisieren lassen, neben anderen, bei denen dies noch nicht denkbar ist. Leichter automatisierbar sind repetitive Tätigkeiten und solche, die vorwiegend am Computer stattfinden. Schwieriger ist es bei Berufen mit einem sehr flexiblen Anforderungspotential, bei kreativen Berufen, bei Tätigkeiten, die mit Menschen zu tun haben, und bei Berufen, die hohe Anforderungen an die menschliche Feinmotorik stellen.

Die Digitalisierung bedroht somit nicht unbedingt die sogenannten einfachen Tätigkeiten, sondern zielt auf Tätigkeiten mit mittlerem Anforderungsprofil: Sachbearbeiter oder Rechtsanwaltsfachangestellte. In ihren Arbeitsbereichen können Algorithmen Geschäftsprozesse zwar nicht unbedingt eigenständig erledigen, aber vorbereiten und so menschliche Arbeit einsparen. Chatbots können unkomplizierte Anfragen beantworten, Algorithmen standardisierte Prozesse wie etwa den Einspruch gegen «Knöllchen» allein und damit kostengünstiger erledigen.

In anderen Berufen, die häufig als Beispiel für aussterbende Tätigkeiten genannt werden, ist die Technik bei näherem Hinsehen dann doch noch nicht so weit: etwa bei FahrerInnen oder den ÜbersetzerInnen. Trotz immer besserer Programme und Assistenzsysteme sind die autonomen Fahrzeuge noch lange nicht unterwegs. Und eine Übersetzung ist immer auch eine kulturelle Transferleistung, die den Algorithmen bis heute schwerfällt. Zwar verändert sich das Arbeitsfeld etwa der ÜbersetzerInnen, die längst mit Unterstützung von Übersetzungsprogrammen arbeiten. Doch zugleich nimmt die Menge des zu Übersetzenden immer weiter zu, und perfekt ist das, was aus den Übersetzungssystemen quillt, noch lange nicht,

Zudem führt die bloße Tatsache, dass ein Beruf automatisierbar ist, noch nicht dazu, dass er auch automatisiert wird, etwa der Beruf des Kassierers, der Kassiererin. Entweder weil es doch billiger ist, Menschen anstelle von Maschinen einzusetzen, oder weil es aus gesellschaftlichen, moralischen oder rechtlichen Gründen nicht akzeptabel erscheint, auf den Einsatz von Menschen zu verzichten.

Schließlich wurden in manchen Bereichen die Erwartungen an die Fortschritte der Algorithmen, aber auch der Roboter in den letzten Jahren zu hoch geschraubt. Immer wieder müssen allzu ambitionierte Projekte, wie etwa von Algorithmen eigenständig erstellte und versandte Steuerbescheide oder von Robotern betriebene Hotels, abgebrochen werden, weil die Entscheidungen der Algorithmen fehlerhaft waren und eine Welle an Beschwerden auslösten und weil die wartungsanfälligen und wenig flexiblen Maschinen mehr Arbeit machten, als sie erledigten. Auch die vielzitierten Roboter, die etwa in der Altenpflege selbständig unterwegs sein können, sind noch nicht erfunden. Bislang beschränkt sich der Einsatz von Robotern in diesem Bereich auf Systeme, die Menschen unterhalten können oder sie zum Beispiel zu Bewegungsübungen motivieren.

Auch wenn die ganz große Revolution der Arbeitswelt nicht absehbar ist, müssen sich die Beschäftigten auf Veränderungen einstellen. Manche werden die Veränderung ihrer Tätigkeiten und den Umgang mit der neuen Technologie begrüßen, etwa wenn die Unterstützung durch ein Informationssystem dazu führt, dass man nun, statt am Fließband zu arbeiten, ein Produkt komplett selbst herstellen kann. Andere werden gerade das vermissen, was sie einmal den konkreten Beruf auswählen ließ, etwa die Arbeit an der Maschine anstelle des Tippens und Wischens auf einem Tablet. Wie die Beschäftigten in diesen Veränderungsprozess eingebunden werden können, haben Arbeitspsychologen und viele Firmen bereits beschrieben. Können Arbeitnehmer im Vorfeld der Einführung etwa von Assistenzsystemen diese erproben und Verbesserungsvorschläge machen, ist die Akzeptanz deutlich höher, als wenn sie vor vollendete Tatsachen gestellt werden. Transformationsprozesse auch im Sinne der Arbeitnehmer zu gestalten, funktioniert anscheinend dort am besten, wo starke Gewerkschaften sich für die Belange der Mitarbeiterinnen und Mitarbeiter, für Fortbildung, Partizipation und Datenschutz einsetzen.

Arbeitsforscher betonen, dass die unterschiedlichen Assistenzsysteme heute viele Gestaltungsmöglichkeiten für die Arbeitswelt bieten. Sie könnten dazu beitragen, individueller auf die Interessen, Möglichkeiten und Einschränkungen von Beschäftigten einzugehen, könnten helfen, ältere Menschen und Menschen mit Behinderungen in den Arbeitsprozess einzubinden. Wie weit Firmen diese Möglichkeiten nutzen werden, ist allerdings offen.

Derzeit sieht es nicht so aus, als käme es zu einer dramatisch schnellen Veränderung, einhergehend mit spektakulären Massenentlassungen. So haben Forscher der Universitäten Boston und Utrecht aufgezeigt, dass die Veränderung des Arbeitsmarktes durch Automatisierung in den Niederlanden einen eher langsamen, aber durchaus nachweisbaren Verlauf nimmt. Mehr Mitarbeiter verlassen die Unternehmen, viele gehen in einen frühen Ruhestand. Effekte, die speziell auf KI-Technologie zurückgehen, konnten sie dabei allerdings nicht ausweisen.[31] Während Optimisten betonen, ein langsamer Wandel lasse den Arbeitnehmern Zeit, sich auf die Veränderungen einzustellen, warnen andere vor einem schleichenden Prozess der Aufspaltung des Arbeitsmarktes in wenige hoch bezahlte Tätigkeiten und viele schlecht bezahlte Hilfsarbeiten. Dann stünde der Mensch am unteren Ende der Hierarchie nur noch dort im Produktionsprozess, wo der Einsatz einer Maschine noch zu teuer ist. So dürfte es immer weniger Einzelhändler geben, dafür aber immer mehr Beschäftigte, die in den Lagerhäusern der Handelskonzerne die Bestellungen zusammenpacken.

Nach einer Studie des Zentrums für Arbeitsforschung der Universität Berkeley können Robotersysteme, die die Waren aus den Regalen holen, den Mitarbeitern zwar das Heben schwerer Lasten abnehmen. Doch zugleich steigen die Anforderungen an Geschwindigkeit und verarbeitete Stückzahl. Am Handgelenk getragene Computer geben Art und Ort der Ware vor, die als Nächstes zu finden ist, und reduzieren so die Möglichkeiten der Menschen, ihre Arbeitsabläufe selbst zu planen. Zugleich werde, etwa bei Amazon, den sogenannten «Pickern» ihre eigene Leistung und die der Kollegen in Echtzeit eingeblendet, es würden sogar nach Art von Computerspielen Wettrennen veranstaltet, wer einen Kundenauftrag am schnellsten zusammengestellt habe. Auch die damit einhergehende lückenlose Überwachung der Beschäftigten erhöhe ihren Stress.[32] Insgesamt führten Digitalisierung und Assistenzsysteme so zu einer Intensivierung der Arbeit und der Kontrolle der Beschäftigten. Zugleich seien die Assistenzsysteme dazu geeignet, komplexere Arbeiten in einfachere zu zerlegen und so hochwertigere und besser bezahlte Tätigkeiten zugunsten von Hilfsarbeiten zurückzufahren. Kombiniert mit der zunehmenden Vereinzelung sozial nicht abgesicherter Minijobber, Klick- und Crowdworker könnte dieser Prozess die Entstehung einer Unterschicht bewirken, deren Mitglieder sich darin unterbieten, für wie wenig Geld sie die minimalen Aufträge der Großkonzerne erledigen. Und dies in weltweiter Konkurrenz.

Eine ähnliche Entwicklung beklagen auch Beschäftigte in hochqualifizierten Tätigkeiten. Auch hier setzen neue Arbeitsformen, die vor allem der Beschleunigung von Innovation dienen sollen, darauf, komplexe Tätigkeiten in vergleichbare und am besten im selben Zeitfenster zu erledigende Teiltätigkeiten zu zerlegen, in «Kopfarbeit am Fließband». Obwohl Arbeitspsychologen seit langem wissen, dass Menschen dann motiviert und gut arbeiten, wenn sie Autonomie und Gestaltungsmöglichkeiten haben, kann der Einsatz digitaler Technologien zusammen mit dem immer stärkeren Konkurrenzdruck zum genauen Gegenteil, nämlich zu maximaler Gleichschaltung und Kontrolle führen.

Arbeit fair zu gestalten, zu verteilen und zu entlohnen dürfte zu den großen Herausforderungen der nächsten Jahre gehören. Dabei ist es nicht so, dass uns die Arbeit ausgehen würde. Das wäre erst der Fall, wenn die Welt zu unser aller Zufriedenheit eingerichtet wäre, ein Zustand, der sich auf absehbare Zeit kaum einstellen dürfte. Stattdessen haben wir das Problem, dass viele der Arbeiten, die getan werden müssten, nicht oder nur schlecht bezahlt werden.

Wenn es uns gelingt, rechtzeitig gegenzusteuern, könnten wir auf eine Gesellschaft zugehen, in der alle weniger für ihr Einkommen arbeiten müssen, dafür aber mehr Zeit für all das haben, was jetzt in der Dichte der optimierten Arbeitswelt liegen bleibt. Das gegenteilige Extrem wäre eine Gesellschaft, in der wenige hochbezahlte Spezialisten einer Menge minimal entlohnter oder mit einem kleinen Grundeinkommen abgespeister Menschen gegenüberstehen, die nicht mehr gebraucht werden, um die Güter des täglichen Bedarfs zu produzieren, und die damit zugleich aus der gesellschaftlichen Teilhabe ausgeschlossen werden. Rund um die Uhr überwacht, könnten sie sich in virtuellen Welten langweilen. Dass eine solche Welt erstrebenswert wäre, kann man sich so wenig vorstellen, wie dass sie ohne massive Zwangsmaßnahmen stabil sein könnte.

Mensch und Maschine: Verwirrende Begegnungen. In der Medizin, in Unternehmen, in der Verwaltung, in der Rechtsprechung oder beim Einkaufen eingesetzte Algorithmen zur Unterstützung von Entscheidungen beeinflussen unser Verhalten. Das gilt für «stumme» Programme und ebenso für Chatbots. Wie diese Einflusse sich genau manifestieren, ist wenig erforscht, bestehende Erfahrungen sind zum Teil gegensätzlich. So stellen Betreiber von Chatbots, die mit Kunden interagieren sollen, bisweilen ein großes Misstrauen der Menschen gegenüber diesen Systemen fest. Sie fürchten zum Beispiel, die Kontrolle über das Geschehen, etwa die Buchung einer Reise, zu verlieren, wenn sie mit einem Bot zu tun haben. Sie glauben nicht, das beste Angebot erhalten zu haben, und möchten dies durch einen Menschen bestätigt sehen. In solchen Fällen könnte es sinnvoll sein, wenn sich die Algorithmen im Hintergrund halten und Beratern durch kluge Vorauswahl die Arbeit erleichtern, statt Menschen unmittelbar mit Chatbots interagieren zu lassen. Eine Studie kam zu dem Ergebnis, das Patientinnen und Patienten KI-Systemen zwar generell durchaus vertrauen, zugleich aber befürchten, gerade in ihrem Fall könnten sie versagen. Diese Befürchtungen waren umso größer, je stärker die Patienten die Einzigartigkeit ihres Falls betonten.[33]

Andere Studien deuten darauf hin, dass Antworten, die solche Systeme generieren, zu leicht unhinterfragt hingenommen werden, besonders dann, wenn ein System immer wieder verlässliche Antworten gegeben hat. Dabei können Unzulänglichkeiten algorithmischer Entscheidungen unentdeckt bleiben, im Extrem verlieren Menschen die Fähigkeit, ohne digitale Unterstützung zu entscheiden. Legion sind Geschichten über Menschen, die den Empfehlungen von Navigationssystemen unkritisch folgend, sich auf Feldwegen festfahren oder mit ihrem Fahrzeug gar über Klippen oder in Hafenbecken stürzen.

«Overtrust» nennen Forscher das bedenkliche Phänomen, dass Menschen dazu neigen, den Entscheidungen eines Programms in manchen Fällen mehr Autorität zuzubilligen, als es sinnvoll wäre. So konnten Forscher Probanden in verschiedenen Studien dazu bringen, unsinnige Dinge zu tun, etwa eine Topfpflanze auf Anweisung eines Chatbots mit Orangensaft zu gießen oder, im Falle eines (simulierten) Brandes, einem Roboter in einen fensterlosen Raum zu folgen.

Verschiedene Möglichkeiten werden diskutiert, den Menschen, der solche Unterstützungssysteme verwendet, nicht aus dem Nachdenken zu entlassen, eine Art Mitdenken by Design. Das könnten Algorithmen sein, die statt einer Antwort mehrere geben, zwischen denen dann der Mensch entscheiden muss.

Ob eine solche künstliche Verlangsamung von Entscheidungsprozessen im Rahmen der allgemeinen Arbeitsverdichtung und Beschleunigung realistisch ist, ist allerdings fraglich.

Zu bedenken ist weiterhin: Auch Menschen machen Fehler, sie sind Stimmungen und Leistungsschwankungen unterworfen, haben Vorurteile, neigen dazu auszublenden, was nicht zu ihren Erwartungen passt, und haben eine beschränkte intellektuelle Kapazität. Es ist ein großer Vorzug der aktuellen Diskussion um die von Algorithmen unterstützte Entscheidungsfindung, dass Prozesse des Bewertens und Beurteilens generell thematisiert und kritisch betrachtet werden. Wie die ideale Konstellation aussieht, in der sich der Mensch der algorithmischen Verfahren bedient, um eigene Schwächen auszugleichen und zugleich die eigenen Stärken optimal zum Einsatz zu bringen, ist noch nicht geklärt.

Während es bei Programmen und Chatbots vor allem auf die Einflüsse auf das menschliche Entscheidungsverhalten ankommt, ist die Begegnung von Mensch und Roboter komplizierter. Maschinen, die sprechen, die herumgehen und mit den Augen rollen, sind etwas Besonderes. Wir sind nun einmal so eingerichtet, dass wir uns nur mit großer Mühe versagen können, sie zu vermenschlichen und ihnen menschliche oder menschenähnliche Eigenschaften zuzuschreiben. Das äußert sich schon in der Sprache der KI-Forschung, in der Programme lernen und sich verbessern, planen, spielen, träumen, halluzinieren, lesen oder sich erinnern – auch wenn damit Techniken bezeichnet werden, die ganz anders funktionieren als die gleichnamigen Fähigkeiten des Menschen. Was den Fachleuten klar ist, mag den Laien auf eine falsche Fährte setzen.

Nachdem in den Anfängen der Robotik das Design der Systeme eher hemdsärmelig gehandhabt wurde, befasst sich inzwischen ein eigenes Forschungsfeld, die Human-Roboter-Interaction (HRI), damit, wie die Begegnung von Mensch und Maschine gelingen kann. Denn wenn wir virtuelle Assistenzsysteme und Roboter in unseren Häusern, beim Einkaufen, in der Freizeit und als Arbeitskollegen akzeptieren sollen, müssen sie so gestaltet sein, dass wir sie als angenehm erleben.

Zuerst einmal muss ein Roboter sicher sein. Spezifikationen dazu finden sich etwa in der deutschen Maschinenrichtlinie und der europäischen Maschinenrichtlinie für Industrieroboter. Die Gestalt eines Roboters hängt natürlich davon ab, wozu er eingesetzt werden soll. An einen Roboter, der unter seinesgleichen in der Produktion tätig ist, stellen sich andere Anforderungen als an Maschinen, die neben und mit Menschen arbeiten sollen. Roboter, die in der Produktion mit Menschen zusammenarbeiten sollen, heißen «Cobots», Roboter, die ansonsten in unserem Leben eine Rolle spielen könnten, soziale Roboter. Diese sollen vor allem nicht bedrohlich wirken, also am besten ein wenig kleiner sein als der Mensch. Zu klein dürfen sie aber auch nicht sein, denn dann kämen sie etwa mit unseren Tischen oder Küchenschränken nicht mehr zurecht. Für einen Körperbau, ähnlich dem des Menschen, spricht, dass der Nutzer leichter einschätzen kann, wie eine solche Maschine sich bewegt, als dies bei einem mit Knöpfen übersäten Gerät von der Gestalt eines Staubsaugers der Fall wäre.

Augen sind wichtig für die Interaktion, sie signalisieren, wem oder was der Roboter seine Aufmerksamkeit zuwendet. Ein Gesicht, dem zumindest einige Stimmungslagen zu entnehmen sind, lässt eine Maschine sympathisch erscheinen.

Dennoch spricht einiges dagegen, Roboter zu menschenähnlich zu machen. Paradoxerweise sind Menschen auf der einen Seite sehr schnell bereit, alles, was auch nur entfernt einem Lebewesen ähnelt, wie ein solches zu behandeln. Auf der anderen Seite sind sie sehr empfindlich, wenn auch nur eine Kleinigkeit nicht stimmt. Dann neigen sie dazu, die Maschine, die einen Menschen recht gut, aber nicht perfekt imitiert, unheimlich oder zumindest unangenehm zu finden. «Unheimliches Tal» *(uncanny valley)* heißt dieses Phänomen. «Tal», weil es den Verlauf einer Kurve beschreibt, die zeigt, dass Menschen Roboter immer attraktiver finden, je menschenähnlicher sie werden, dann aber, kurz bevor sie dem Menschen zum Verwechseln ähneln, diese eher mit (Un-)Toten assoziieren als mit Menschen. Die Sympathie-Kurve stürzt also rasant ab, um auf der anderen Seite, auf der nun echte Menschen stehen, wieder steil anzusteigen. In jüngster Zeit haben neue Studien allerdings Zweifel daran aufkommen lassen, ob es sich bei dem «unheimlichen Tal» um ein stabiles Phänomen handelt, oder ob es sich vielleicht erledigt, wenn Menschen erst mehr daran gewöhnt sind, Robotern zu begegnen. Wie Menschen auf Roboter reagieren, die dem Menschen so ähnlich sind, dass der Beobachter zweimal hinschauen muss, erforscht etwa Hiroshi Ishiguro an der Universität Osaka mit seinen Geminoids.

Ein anderer Grund, Roboter nicht aussehen zu lassen wie Menschen, besteht darin, Missverständnisse und Enttäuschungen zu vermeiden. Menschen beurteilen nach dem Aussehen, was sie von einer Maschine erwarten können. Eine menschenähnliche Maschine weckt daher Erwartungen, die sie ziemlich sicher nicht erfüllen kann. Dieses Phänomen ist schon zu beobachten, wenn ein nur entfernt menschenähnlicher Roboter Arme und Hände besitzt, aber nicht in der Lage ist, dem Gegenüber die Hand zu schütteln.

Tatsächlich ist es für ihre Funktion meist nicht nötig, dass Roboter Menschen imitieren. Menschen können auch in sehr stark vereinfachten Gesichtern Emotionen wahrnehmen und empfinden solche Gesichter durchaus als angenehm.

Viele Roboter oder Avatare werden entwickelt, um Menschen mit kognitiven Einschränkungen zu helfen, länger selbständig zu leben. Wenn eine solche Maschine diese Menschen nun zu der Überzeugung verleitet, sie seien nicht allein, tun sie eventuell Dinge, die sie allein nicht täten, und bringen sich dadurch schlimmstenfalls in Gefahr.

Bei Menschen mit kognitiven Einschränkungen stellt sich generell die Frage, wie weit man sie darüber täuschen möchte, womit sie es zu tun haben: Soll ein Roboter oder ein Avatar, der mit Menschen Gespräche führt, Gefühle zum Ausdruck bringen, obwohl er keine hat? Soll er Dinge sagen wie «Das tut mir aber leid» oder «Ich freue mich»? Ist der Einsatz solcher Maschinen eine Art Betrug oder therapeutisch sinnvoll oder zumindest besser, als allein fernzusehen?

Ähnliche Fragen stellen sich, wenn Roboter als Gefährten für Menschen entworfen oder gekauft werden. Kann dies für einige

Menschen ein Weg sein, soziale Ängste abzubauen? Oder droht eine Gesellschaft, in der die anstrengende Interaktion mit anderen Menschen von einigen zunehmend gemieden wird? Und wie steht es mit den Sexrobotern? Sollten Sexroboter in Kindergestalt verboten werden? Oder sind sie vielleicht sogar therapeutisch sinnvoll? Auch hier sind viele Fragen offen. Auf manche von ihnen gibt es vermutlich keine eindeutige Antwort. Der eine mag die Vorstellung, im Alter von einem Roboter betreut zu werden, strikt ablehnen, einem anderen mag dies als interessante Option erscheinen. Und mancher mag sich umentscheiden, wenn er oder sie erst einmal mit diesen Maschinen zu tun hatte.

Roboter sind bewusstlose Maschinen. Ist es, über den Aspekt der Sachbeschädigung hinaus, trotzdem bedenklich, wenn Menschen sich ihnen gegenüber gewalttätig verhalten, sie schlagen oder zerstören? Der Philosoph Immanuel Kant war der Ansicht, man dürfe Tiere nicht quälen, weil der Mensch sich damit selbst schädige. Lässt sich dieses Argument auf Roboter übertragen? Hat ein Mensch, der an einem Roboter gewalttätige Phantasien auslebt, einen bedenklichen Charakter oder ein gesundes Unterscheidungsvermögen? Wenn wir kritisch über Gewalt in Computerspielen nachdenken, sollten wir Gewalt gegen Roboter vermutlich noch viel kritischer gegenüberstehen. Auch hier wird die Zukunft zeigen, wie sich unser Leben mit diesen Maschinen entwickeln wird.

Die Gestaltung von Robotern ist zudem eine Frage kultureller Präferenzen. Menschen verschiedener Kulturen wünschen sich Studien zufolge unterschiedlich gestaltete Roboter. Der Fantasie der Konstrukteure sind da nur wenige Grenzen gesetzt. Interessant und originell gestaltete Roboter könnten die Welt vielfältiger machen, statt als Kopien von Mensch oder Tier noch mehr Verwirrung zu stiften.

Die Interaktion von Menschen und Systemen, die mit KI-basierten Verfahren arbeiten, ist ein relativ neues Forschungsfeld, auf dem sich wenig von selbst versteht und auf dem noch viele Fragen offen sind. Es liegt auf der Hand, dass es von großer Bedeutung ist, wie Algorithmen das Entscheidungsverhalten von Menschen beeinflussen, ob sie dazu verleiten, Verantwortung abzugeben, und ob sie dazu führen, dass Menschen auf lange Sicht die Fähigkeit verlieren, Vorgaben eines Entscheidungssystems kritisch zu hinterfragen. Ebenso gilt es erst einmal zu erproben, welche Roboter wir uns in welchen Bereichen vorstellen können – um der neuen Technologie weder zu kritisch noch zu naiv zu begegnen.

8. Fakes, Filterblasen und falsche Versprechen

Der Name ist nicht nur Programm, er ist auch Bürde: «Künstliche Intelligenz» weckt nicht nur bei Laien bisweilen zu große Erwartungen, die Bezeichnung verführt manchmal auch Hersteller dazu, zu viel zu versprechen.

So reagierten Nutzer entsetzt, als sie erfuhren, dass Amazon Unterhaltungen mit dem Lautsprecher «Echo» und sogar Filmaufnahmen von Überwachungskameras von Menschen auswerten lässt, um die Systeme zu verbessern. Dieses Entsetzen war, was den Umgang des Unternehmens mit Datenschutz und Informationspolitik angeht, natürlich berechtigt. Aber es beruht auch auf der irrigen Annahme, diese Systeme könnten auf wundersame Weise einfach irgendwie von selbst lernen. Niemand hat den Nutzern erklärt, dass lernende Systeme Feedback benötigen, dass sie sorgfältig eingerichtet und mit den richtigen Daten versorgt werden müssen. Und da keine Firma es dem Nutzer zumuten möchte, jede Interaktion zu bewerten – Waren Sie mit der Antwort zufrieden? Mit welcher Antwort wären Sie zufrieden gewesen? –, müssen andere dies tun. Hätte das Unternehmen das offensiver kommuniziert, wäre die Aufregung unnötig gewesen.

Ebenso ist es ein Problem, wenn algorithmische Berechnungen als besonders objektiv beworben werden – und dies dazu führt, dass Menschen sie kritiklos hinnehmen. In Kapitel 5 haben wir gesehen, dass Algorithmen die Strukturen der Trainingsdaten in das Modell übernehmen, mit dem sie neue Daten klassifizieren, und so dazu neigen, die Konstellationen der Vergangenheit zu reproduzieren. Selten wird auch thematisiert, wie viele von Menschen getroffene Entscheidungen nötig sind, bevor ein solches System arbeiten kann. Es sind Entscheidungen darüber, welche Trainingsdaten infrage kommen und in welcher Situation ein fertig trainiertes System eingesetzt werden soll; darüber, was das System genau können soll, was also ein gutes und akzeptables Ergebnis ist und welche Fehlerrate man als zu hoch ansieht. Ist es besser, wenn Unschuldige verdächtigt werden oder wenn Schuldige unter dem Radar durchschlüpfen? Wie viele falsche Alarme etwa einer Überwachungskamera pro Tag ist man bereit hinzunehmen für wie viele echte Treffer? Wie beurteilt man die Last der Überwachung des öffentlichen Raums im Vergleich zu den dadurch ermöglichten Festnahmen oder den möglicherweise verhinderten Verbrechen? Lassen sich solche Effekte überhaupt belegen? Es sind immer Menschen, die entscheiden, an welchem Maßstab die Technologie gemessen wird.

Statt einer Offenheit, die Menschen ehrlich darüber informiert, was «selbstlernend» oder «intelligent» in diesem Zusammenhang bedeutet, lässt sich allerdings gerade das Gegenteil beobachten: fingierte Künstliche Intelligenz. Da werden witzige Bemerkungen der Chatbots vorprogrammiert. Da bieten Firmen Leistungen an, die angeblich eine schlaue Software erledigt, die tatsächlich aber von schlecht bezahlten Clickworkern irgendwo auf der Welt erbracht werden. Für eine Studie von MMC Ventures wurden 1580 europäische KI-Start-ups untersucht. Nur 60 Prozent von ihnen arbeiteten tatsächlich mit KI-Verfahren.[34]

Ein ähnliches Phänomen sind Programme, die Leistungen versprechen, die sie gar nicht liefern können, die Menschen aber dazu bringen, genau das zu glauben. Hierher gehören zweifelhafte Gesundheits-Apps, die im besten Falle nichts nützen und im schlimmsten den Anwender dazu bringen, sich durch unsinnige Trainingsprogramme selbst zu schaden oder den Besuch eines Arztes oder Therapeuten zu verschleppen.

Dazu gehören auch Programme, die behaupten, aus einer kurzen Sprechprobe die Persönlichkeit des Sprechers entschlüsseln oder aus seiner Gestik seinen Arbeitsstil erschließen zu können. Damit nicht genug, wollen sie auch noch beantworten, ob der Bewerber der Richtige für die ausgeschriebene Stelle ist. Hier wäre zu hinterfragen, ob der – nachvollziehbare – Wunsch, die Welt einfacher und handhabbarer zu machen, sich auf diese Weise erfüllen kann. Wie sich ein Mensch verändert, wenn ihm eine Aufgabe zugetraut wird, und wie er mit seinen persönlichen Eigenschaften ein Team ergänzt, kann ein Algorithmus schwerlich vorausberechnen.

Auch die automatische Erkennung von Emotionen in menschlichen Gesichtern funktioniert bislang eher schlecht als recht. Noch problematischer sind Programme, die behaupten, Krankheiten oder die sexuelle Orientierung von Menschen am Gesicht zu erkennen oder gar Kriminelle zu identifizieren. Tatsächlich setzen solche Systeme oft auf zweifelhafte Kriterien, orientieren sich etwa an der Häftlingskleidung von Strafgefangenen, und haben keine besonders beeindruckenden Trefferquoten. Kritisch ist, dass ein solches Programm auch gar nicht gut funktionieren muss, damit es dazu verwendet werden kann, Menschen zu diskriminieren, es reicht, wenn Menschen glauben, dass es das tut. Wie ein Programm, von dem behauptet wird, es könne sexuelle Orientierung erkennen, in einem Staat verwendet werden mag, in dem auf Homosexualität die Todesstrafe steht, möchte man sich nicht vorstellen.

Auch in der Robotertechnik, besonders in der Automatisierung von Arbeitsplätzen, sind Übertreibungen nicht unbekannt. Für die angeblich so leichte Ersetzbarkeit von Arbeitnehmern durch Programme und Roboter hat sich der Begriff «Fauxtomation» eingebürgert.[35]

Ein weiteres umstrittenes Phänomen sind die sogenannten Filterblasen. Niemand kann die Welt vollständig und objektiv wahrnehmen. Haben früher Zeitungs- und Fernsehredaktionen die Nachrichten vorgefiltert, übernehmen dies nun immer häufiger die Algorithmen privater Firmen. Seither wird auch diskutiert, welchen Einfluss dies auf unsere Wahrnehmung der Wirklichkeit hat.

Den Begriff «Filterblase» prägte 2011 der Politikwissenschaftler, Jurist und Internetaktivist Eli Pariser. Seiner Auffassung nach führt das algorithmenbasierte Sortieren dazu, dass Menschen immer mehr von dem zu sehen, zu hören und zu lesen bekommen, was sie nach Einschätzung der Algorithmen interessiert. Da dies nach der Auswahl entschieden wird, die der Nutzer oder andere als ihm ähnlich eingestufte Personen bislang getroffen haben, folge daraus, so Pariser, dass man immer mehr vom Selben angezeigt bekomme. Auf diese Weise entstehe eine Schleife, in der der Nutzer seine eigenen Ansichten und Interessen immer wieder bestätigt finde: So werde er in eine Filterblase eingeschlossen, was seinen geistigen Horizont einschränke und die Menschen, die sich in unterschiedlichen Filterblasen befinden, voneinander entferne. Letztlich untergrabe dies die Solidarität der Gesellschaft.

Studien über die Suchergebnisse der großen Internet-Suchmaschinen konnten allerdings bislang keinen großen Personalisierungseffekt nachweisen. Personalisiert werden demnach vor allem Werbeanzeigen, die sich nach dem Suchverhalten der Nutzer richten. Die politische Orientierung hat keine Auswirkung auf die Suchergebnisse.

Die Welt durch die Brille der sozialen Medien wahrzunehmen, erscheint hingegen problematischer. Weniger wegen der Filterblasen als wegen des Interesses kommerzieller Unternehmen, Menschen so lang wie möglich auf ihren Seiten zu halten, um ihnen möglichst viel Werbung zu zeigen oder möglichst viele Daten über ihre Interessen abzugreifen. Und diese Fixierung von Aufmerksamkeit funktioniert bekanntlich weniger über sachliche und ausgewogene Informationen als über Emotionalisierung. Algorithmen, die diejenigen Postings nach oben rücken, die von anderen besonders häufig gut bewertet wurden, verstärken den Effekt, dass radikale, emotional aufregende Nachrichten sich schneller und weiter verbreiten als ausgewogene Hintergrundinformationen.

Angebote, die möglichen Filterblasen entgegenwirken wollen, etwa Programme, die Postings aus der Facebook-Timeline von Menschen einblenden, die politisch einem anderen Spektrum zugeordnet werden, finden bislang vergleichsweise wenig Aufmerksamkeit. Dass die sozialen Medien auch verwendet werden können, um Menschen unterschiedlicher Ansichten ins Gespräch zu bringen, hat zum Beispiel das Projekt «Europe Talks» gezeigt: Auf Initiative von Zeit Online diskutierten im Vorfeld der Europawahlen 2019 mehr als 16 200 Menschen aus 33 Ländern miteinander. Ein Algorithmus hatte die Gesprächspartner ausgewählt.

Neben den Filterblasen entwickeln sich Falschnachrichten, die «Fake News», immer mehr zu einem Problem: Oft sind diese Behauptungen spektakulärer als die Wahrheit oder werden gezielt lanciert, weil sie in bestimmten Kreisen bestimmte Reaktionen herausfordern. Auch hier wirkt die Logik des Spektakulären: Was dramatisch klingt, wird öfter angesehen und verbreitet sich schneller als gewöhnliche Nachrichten.

Bedenklich ist auch: Längst werden von vermutlich den meisten Menschen detaillierte Datenprofile gehandelt. So können Werbung, aber auch politische Botschaften viel gezielter eingesetzt werden. Bis heute ist nicht klar, welchen Umfang Versuche hatten, auf digitalem Weg den US-Wahlkampf oder die Brexit-Abstimmung zu beeinflussen, und mit welchem Erfolg sie verbunden waren.

Noch wirkungsvoller könnten Falschnachrichten werden, wenn sie mit Bild- oder Ton-Dokumenten unterlegt werden, die mithilfe von Software gefälscht wurden, sogenannte Deep Fakes. Wir haben auf Seite 41 gesehen, dass etwa GANs in der Lage sind, fotorealistische Bilder zu produzieren, die immer schwieriger von echten Fotos zu unterscheiden sind. Vor GTP-2, dem Programm, das zu einem vorgegebenen Anfang Geschichten erfinden kann, warnten sogar seine Programmierer. Man könne es benutzen, um täuschend echte Falschnachrichten zu produzieren.

Allerdings scheinen bislang eher die Berichte über diese Technik zu verunsichern als ihr tatsächlicher Gebrauch. So konnte die Cybersecurity-Firma Deeptrace Labs einem Bericht zufolge keine Hinweise darauf finden, dass Deep Fakes tatsächlich in Desinformationskampagnen eine Rolle gespielt haben. Zum Einsatz kämen eher sogenannte Cheap Fakes, bei denen etwa ein Film einfach langsamer abgespielt wird und so den Dargestellten lächerlich oder betrunken wirken lässt. In Gabun soll hingegen das Gerücht, ein Video von einem Auftritt des Präsidenten sei ein solches Deep Fake und solle verschleiern, dass dieser erkrankt oder gar verstorben sei, einen Putsch ausgelöst haben. Spätere Untersuchungen hätten gezeigt, dass an dem Video keine Manipulation vorgenommen worden sei. Nicht erst der Einsatz der Technik, sondern bereits die bloße Erwartung, sie werde eingesetzt, kann demnach Misstrauen und die Stimmung hervorrufen, man könne nichts und niemandem mehr trauen.[36]

Zu den bereits existierenden Regulierungen, die sich auf den Umgang mit Falschnachrichten, aber auch etwa mit volksverhetzenden Parolen im Internet beziehen, gehört das deutsche Netzwerkdurchsetzungsgesetz. Es soll Plattformen wie Facebook, YouTube oder Twitter dazu bringen, Inhalte wirksamer zu kontrollieren und Hassreden, Falschmeldungen und Desinformationskampagnen zu bekämpfen. Frankreich hat mit einem «Fake-News-Gesetz» ein ähnliches Regelwerk erlassen.

Die kritisierten Medien sehen sich damit vor das Problem gestellt, zu identifizieren, welche Inhalte unter diese Gesetze fallen. Das ist keineswegs trivial. Was die Berichterstattung über Verbrechen oder den Umgang mit Sexualität und Nacktbildern angeht, gibt es je nach Staat unterschiedliche Regelungen. Wollte man den kleinsten gemeinsamen Nenner aller Staaten zugrunde legen, würde das zu einer erheblichen Zensur der Inhalte führen. Regelungen bestimmter Staaten nicht zu beachten, führt dagegen zu Problemen in ebendiesen Staaten. Verfahren wie das Geoblocking sollen dabei helfen: Menschen bekommen dann in bestimmten Regionen nur das zu sehen, was dort auch zulässig ist. Zudem ist es natürlich nicht im Sinne der Plattformen, gerade die Interesse weckenden, umstrittenen und reißerischen Themen auszuschließen.

Nutzer haben ein Recht darauf, dass Inhalte, die ihre Persönlichkeitsrechte verletzen, schnell gelöscht werden. Zugleich aber haben sie den Anspruch, dass Inhalte, die solche Regeln nicht verletzen, eben nicht gelöscht werden. Die Lösung, alle Postings überwachen zu lassen, ist schon wegen der schieren Menge nicht durchführbar; die sich dafür anbietenden technischen Lösungen sind bislang nicht kontextsensitiv genug. Immer wieder löschen Algorithmen etwa Abbildungen von Kunstwerken; auch Ironie oder Parodie überfordern sie regelmäßig. Daraus ergibt sich eine schwierige Situation: Während die eine Seite kritisiert, die Plattformen täten nicht genug dafür, strittige Inhalte zu löschen, beklagen andere, durch die Androhung hoher Geldstrafen (bis zu 50 Millionen Euro bei Verstößen gegen das Netzwerkdurchsetzungsgesetz) würden die Konzerne angehalten, eher zu viel als zu wenig zu löschen. Das gefährde die Meinungsfreiheit und die freie Verbreitung von Informationen. Zudem nähmen Diktaturen solche Regulierungsbemühungen zum Vorwand, um gegen unliebsame Meinungen vorzugehen. Wie diese Probleme zu lösen sind, ist bislang offen. Ein intelligenter Algorithmus wird sie auf absehbare Zeit nicht für uns aus der Welt schaffen.

Das allgegenwärtige Sammeln und Auswerten von Daten macht die Welt auf verwirrende Weise durchsichtiger und undurchsichtiger zugleich. Auf der einen Seite führt es zu Erkenntnissen über Zusammenhänge und Verhaltensweisen, die zuvor im Durcheinander der Welt verloren gingen. Andererseits wissen wir in der Regel nicht, welche Daten erhoben werden und wer was auf welche Weise damit anfängt. Die Philosophin Sybille Krämer verweist auf ein Paradox: Zur Zeit der Aufklärung galt das Aufschreiben als ein Schritt zu mehr Transparenz; nun konnte nachgewiesen werden, was jemand gesagt hatte. Heute führt das Sammeln von immer mehr Daten für den Einzelnen zu immer mehr Intransparenz darüber, wer was über ihn weiß und was mit seinen Daten geschieht.

So verändert die Digitalisierung wie nebenbei auch unseren Blick auf die Welt. Sie bringt es mit sich, dass Dinge, die zuvor gar nicht wahrgenommen wurden, nun berücksichtigt werden können, etwa Strukturen und Zusammenhänge, die erst durch die Analyse großer Datenmengen aufscheinen. Das bedeutet auch, dass Dinge, die zuvor flüchtig waren, nun gespeichert werden können, Kommunikation, Einkäufe, Leistungen beim Joggen oder das Verhalten im öffentlichen Raum. Stärker als je zuvor sehen wir uns zudem mit Zahlen konfrontiert, die scheinbar objektiv Dinge oder Prozesse abbilden. Dass Menschen Zahlen sammeln, ist nicht neu, aber jetzt können diese Daten verwendet werden, um das Verhalten von Menschen zu verfolgen, zu kontrollieren und zu beeinflussen.

Hinzu kommt: Zahlen haben Autorität, sie gelten als neutral und objektiv. Der Einzelne ergibt sich leicht, vielleicht zu leicht, ihrer Magie und damit all den Ratings und Sternchen, denen wir tagtäglich begegnen. Dabei gerät im schlimmsten Fall alles das aus dem Blick, was sich eben nicht messen und quantifizieren lässt. Und dazu gehören viele der Dinge, die wir die längste Zeit für das eigentlich Menschliche gehalten haben, etwa Freundschaft und Zuwendung. Wie etwa quantifiziert man die menschlichen Aspekte in der Pflege kranker oder alter Menschen? Den längeren Händedruck oder ein Lächeln? Was sich nicht quantifizieren lässt, wird in einer quantifizierten Welt nicht wahrgenommen und buchstäblich nicht mehr eingerechnet.

Die KI-Forschung hat bereits zwei sogenannte KI-Winter erlebt, Einbrüche in der Forschungsförderung, hervorgerufen durch zu große Erwartungen, überzogene Versprechungen und enttäuschte Geldgeber. Auch heute befürchten manche Fachleute, übertriebene und falsche Versprechungen, die schnelle Lösungen für komplexe Probleme in Aussicht stellen, wenn nur genug in das maschinelle Lernen investiert werde, könnten zu Enttäuschungen und einer Abkehr von Forschungsprojekten führen, die nun einmal, wie überall in der Wissenschaft, auch in der KI ihre Zeit brauchen. Eine realistische Sicht auf diese Technologie ist daher nicht nur essentiell für die Gesellschaft, sondern auch im Sinne der Wissenschaft und der Ökonomie.

9. Wer kontrolliert die Künstliche Intelligenz?

Wenn Algorithmen einen Parkplatz für uns finden sollen, müssen sie wissen, wann wir wohin fahren wollen. Wenn sie uns Produkte zum Kauf vorschlagen sollen oder ein passendes Outfit oder Musik, die wir mögen, müssen sie unseren Geschmack kennen, unsere Pläne, unsere Vorlieben. Wenn sie uns warnen sollen, wenn wir zu müde zum Autofahren sind, müssen sie uns beobachten. Wenn sie Menschen mit Suizidgedanken Hilfe anbieten sollen, müssen sie unsere E-Mails oder unsere Postings in sozialen Medien mitlesen. Wenn sie uns vor einem Herzinfarkt warnen sollen, müssen sie unseren Herzschlag kontrollieren, wenn sie uns bei der Arbeit helfen sollen, müssen sie uns dabei zusehen, wenn das digitale Schulbuch sich dem Lern- und Lesetempo des Schülers anpassen soll, muss es diese messen.

In der besten aller möglichen Welten würden all diese Programme unsere Vorlieben nur für uns analysieren, damit wir unser Leben besser organisieren könnten, ohne dass irgendjemand diese Daten zu sehen bekäme. In der Welt, in der wir leben, sammeln und analysieren sie diese Daten für die Konzerne, die die entsprechenden Programme betreiben, und für diejenigen, an die diese die Daten weiterverkaufen. Wer für eine App oder ein Programm nichts zahlt, ist bekanntlich nicht der Kunde, sondern das Produkt. Statt am Kaufpreis verdient der Hersteller an den Daten, die er vom Kunden bekommt. Das Produkt, mit dem er Geld verdient, sind nicht die Apps, sondern Datenpakete, die möglichst viele Informationen über den Nutzer enthalten: über seinen Tagesablauf, seinen Beruf, seinen Familienstand, seine Hobbys, seine Meinungen und Vorlieben, Schwächen und Erkrankungen. Auch von sogenannten Gesundheits-Apps, die an die Einnahme von Medikamenten, Arzttermine oder ein Trainingsprogramm erinnern, wurde immer wieder bekannt, dass sie mit Dritt- und Viertfirmen zusammenarbeiten, die die Daten der Nutzer abgreifen. Die Wirtschaftswissenschaftlerin Shoshana Zuboff spricht in Bezug auf die darauf aufbauende Ökonomie nicht umsonst von «Überwachungskapitalismus».[37]

Diese Informationen können von Firmen genutzt werden, um zielgerichtet Werbung zu platzieren und etwa nur den zahlungskräftigen Kunden gute Angebote zu machen. Sie sind für politische Parteien interessant, um gezielt ihre Botschaften an unentschlossene Wähler zu bringen. Und auch Krankenkassen,

Arbeitgeber, Kreditinstitute und Einwanderungsbehörden interessieren sich für solche Profile.

Daten machen durchsichtig. Algorithmen, die große Mengen an Daten durchkämmen und auf auffällige Muster scannen, eignen sich auch hervorragend, um Menschen zu erforschen. Es ist naiv zu argumentieren, man habe ja nichts zu verbergen. In den seltensten Fällen geht es bei der Analyse von Daten darum, Betrüger, Verbrecher oder Terroristen zu fangen. Es geht vor allem darum, Märkte aufzuteilen, darum, Menschen Angebote machen zu können, die so passgenau sind, dass sie sie nicht ausschlagen werden, und zwar am besten von immer derselben Firma. Es geht darum, Einfluss auf unseren Zugang zu Informationen zu gewinnen und damit auf unsere Möglichkeiten, unser Leben zu gestalten.

Hinzu kommt, dass immer mehr Länder den öffentlichen Raum mit immer mehr Kameras überwachen. Auch hier kommen teilweise KI-Verfahren zum Einsatz, um Gesichter, Autonummern oder auffällige Verhaltensweisen zu identifizieren. Ein Staat, der sich die an den unterschiedlichsten Stellen massenhaft anfallenden Daten verschafft und sie auswertet, bekommt damit umfassende Überwachungs- und Kontrollmöglichkeiten.

Je häufiger Algorithmen zum Einsatz kommen, die für Menschen wichtige Entscheidungen treffen, je stärker Algorithmen den Alltag prägen und je undurchsichtiger es für den Einzelnen wird, womit er es zu tun hat, desto unerlässlicher ist die gesetzliche Regulierung des Einsatzes dieser Verfahren. Menschen lediglich zu empfehlen, sie mögen die Nutzungsbedingungen lesen und dann eine informierte Entscheidung treffen, überfordert den Einzelnen und ist schlicht unrealistisch.

Als eine erste gesetzliche Regulierung gibt es in Deutschland das Bundesdatenschutzgesetz und in Österreich das Datenschutzgesetz, die die Vorgaben der Europäischen Datenschutz-Grundverordnung umsetzen. Die Datenschutz-Grundverordnung regelt seit 2018 die Verarbeitung personenbezogener Daten durch private und öffentliche Stellen in der Europäischen Union. Zuständig für die Überwachung des Datenschutzes bei öffentlichen

Stellen und in der Telekommunikation sind in Deutschland zudem der Bundesbeauftragte für den Datenschutz mit Sitz in Bonn und die Datenschutzbeauftragten der Länder. In der Schweiz wird gerade an einer Revision des Datenschutzgesetzes gearbeitet, das stark an die Europäische Datenschutz-Grundverordnung angelehnt ist.

Erst in jüngster Zeit ist allerdings klar geworden, dass die Regulierung von Algorithmen mehr umfassen muss als Datenschutz. Aktuell laufen die Diskussionen darüber, wie eine solche Regulierung aussehen könnte, international auf Hochtouren. In Deutschland wurde im Juni 2018 die Einrichtung der Enquete-Kommission «Künstliche Intelligenz – Gesellschaftliche Verantwortung und wirtschaftliche, soziale und ökologische Potenziale» beschlossen, im August 2018 nahm der Digitalrat der Bundesregierung seine Arbeit auf, im September desselben Jahres die Datenethikkommission, die «ethische Maßstäbe und Leitlinien für den Schutz des Einzelnen, die Wahrung des gesellschaftlichen Zusammenlebens und die Sicherung und Förderung des Wohlstands im Informationszeitalter entwickeln» soll.[38]

Forscher der Universität Zürich haben in einer Meta-Analyse international allein 84 Dokumente gefunden, die Vorschläge für eine Regulierung von Algorithmen unterbreiten. 2017 entwickelten etwa Forscher auf der Asilomar-Konferenz «Beneficial AI» 23 Prinzipien, die die Entwicklung einer nützlichen und wohltätigen KI sichern sollen; sie reichen von der Vermeidung der Entwicklung autonomer Waffensysteme bis zur Forderung nach besonders strikter Kontrolle sich selbst verbessernder Systeme. Auch solle Kooperation statt Konkurrenz die Forschung bestimmen, damit es nicht zu einem Wettlauf komme, bei dem Sicherheitsstandards vernachlässigt werden.

Das Institute of Electrical and Electronics Engineers (IEEE), der weltweit größte Berufsverband für Ingenieurinnen und Ingenieure, hat Anfang 2019 einen Leitfaden für moralisch durchdachtes Design *(ethically aligned design)* autonomer und intelligenter Systeme entwickelt.[39]

In Deutschland hat die Bertelsmann Stiftung in Zusammenarbeit mit dem iRights.Lab einige der bestehenden Vorschläge

ausgewertet und nach einem Expertenworkshop und einer breit angelegten Onlinebefragung neun solcher Regeln formuliert:[40]
– Wer Algorithmen entwickelt, muss demnach ein Verständnis für die potentiellen Auswirkungen ihres Einsatzes haben.
– Für die Auswirkungen des Einsatzes eines algorithmischen Systems muss eine natürliche oder juristische Person verantwortlich sein.
– Ziele und erwartete Wirkungen dieses Einsatzes müssen klar definiert und Folgen regelmäßig abgeschätzt und abgewogen werden.
– Die Sicherheit des Systems gegenüber Angriffen und Manipulationen muss gewährleistet und fortlaufend überprüft werden.
– Der Einsatz algorithmischer Systeme muss für den Nutzer erkennbar sein (besonders, wenn es einen Menschen imitiert).
– Die Entscheidungsfindung eines algorithmischen Systems muss stets nachvollziehbar sein. Das einfachste und übersichtlichste System, das geeignet ist, ein Problem zu lösen, ist komplexeren Verfahren vorzuziehen.
– Ein algorithmisches System muss während seines gesamten Einsatzes gestaltbar sein und bleiben.
– Die Auswirkungen eines algorithmischen Systems müssen regelmäßig überprüft werden, auch von externen Prüfern.
– Es muss eine leicht zu kontaktierende Stelle geben, die Entscheidungen algorithmischer Systeme erklärt; und es muss eine Beschwerdemöglichkeit eingerichtet werden.

Ein ergänzender Ansatz besteht darin, die Algorithmen nach ihren möglichen Auswirkungen zu klassifizieren. Nicht jeder Algorithmus ist gleichermaßen kritisch, was Datenschutz oder Persönlichkeitsrechte angeht. Ein Algorithmus, der Urlaubsfotos sortiert, ein Algorithmus, der entscheidet, welche Fertigpizza nicht ordentlich belegt ist, oder einer, der zur Signalverstärkung bei der Datenübertragung verwendet wird, ist weniger kritisch als ein Algorithmus, der über die Vergabe von Studienplätzen, Krediten oder über Krankenkassentarife entscheidet.

Katharina Zweig, die an der Universität Kaiserslautern das

Algorithm Accountability Lab leitet, hat deshalb eine Risikomatrix entwickelt, die fünf Regulierungsstufen vorsieht:[41] Regulierung ist demnach weniger notwendig bei Systemen, bei denen es viele Anbieter gibt, man einfach von einem zum andern wechseln kann und bei denen Einsprüche, Änderungen und Einsichtnahme leicht möglich sind. Das andere Extrem, bei dem Regulierung dringend geboten ist, sind Systeme mit einem hohen Schadenspotential, monopolartigen Anbietern und geringen Einspruchs- oder Änderungsmöglichkeiten.

Die Datenethikkommission hat Ende 2019 einen Bericht zur Regulierung der Algorithmen vorgelegt, in dem sie die fünf Risikostufen übernimmt. Zudem unterscheidet sie drei Arten, wie Algorithmen in menschliche Entscheidungen einbezogen werden:
- Bei der *algorithmenbasierten* Entscheidung stützt sich der Mensch auf von Algorithmen berechnete (Teil-)Informationen.
- Bei der *algorithmengetriebenen* Entscheidung ist der Entscheidungsspielraum des Menschen durch diese Berechnung eingeschränkt oder beispielsweise durch eine Sortierung (Ranking) deutlich beeinflusst.
- Bei der *algorithmendeterminierten* Entscheidung löst der Algorithmus automatisch Konsequenzen aus; im Einzelfall findet keine menschliche Entscheidung mehr statt.

«Die» Algorithmen zu regulieren erweist sich bei näherem Hinsehen also als ein komplexes Unterfangen. Die Datenethikkommission plädiert deshalb für eine neue «Europäische Verordnung für Algorithmische Systeme», die die Datenschutz-Grundverordnung ergänzt, und für einen «risikoadaptierten Regulierungsansatz». Auch die Datenethikkommission schlägt eine Kennzeichnungspflicht vor, damit deutlich wird, wie und in welchem Umfang algorithmische Systeme eingesetzt werden. In Sektoren, die im besonderen Maße von gesellschaftlichem Interesse seien, sollte es ein Recht auf Zugang zu bestimmten Informationen für Journalistinnen und Journalisten, Forscherinnen und Forscher geben. Außerdem sei zu prüfen, ob das Antidiskriminierungsgesetz erweitert werden könne, um algorithmenbasierte Diskriminierungen aufgrund von Gruppenmerkmalen einzuschließen.

Zu Beginn des Nachdenkens über die Regulierung der Algorithmen standen Überlegungen, die Algorithmen selbst, den Programmcode, von einer Art TÜV kontrollieren zu lassen. Davon ist man inzwischen abgerückt. Zum einen ist der Code oft Eigentum von Unternehmen und damit deren Geschäftsgeheimnis. Und selbst wenn man vereidigte Prüfer daransetzen würde, den Code vertraulich zu betrachten, bliebe das Problem, dass dieser fortwährend verändert wird. Kaum wäre ein Code geprüft, hätten die Unternehmen ihn unter Umständen schon wieder veränderten Bedingungen angepasst.

Vor allem aber entscheidet nicht der Code allein, welche Auswirkungen ein Algorithmus hat. Es kommt vielmehr darauf an, die gesamte Konstellation zu betrachten: Welcher Algorithmus wird mit welchen Daten trainiert und in welchem Kontext eingesetzt? Ein Algorithmus, der Suchanfragen in Suchmaschinen ergänzt, kann nützlich und harmlos, aber auch diskriminierend sein, etwa wenn er Menschen immer wieder mit längst vergangenen oder auch fälschlich behaupteten Dingen in Verbindung bringt. Auch die Interpretation und die Präsentation der Ergebnisse einer algorithmischen Entscheidung bestimmen seine Auswirkungen mit. Die Regulierung von Algorithmen wendet sich daher nicht nur an Programmierer, sondern an alle, die mit Algorithmen, ihrer Entwicklung und ihrem Einsatz zu tun haben.

Statt eines TÜV wird in Deutschland nun ein «KI-Observatorium» unter der Ägide des Bundesarbeitsministeriums eingerichtet, das wiederum auf längere Sicht zu einem eigenen Bundesinstitut für Künstliche Intelligenz ausgebaut und mit ähnlichen Institutionen anderer europäischer Länder vernetzt werden soll.

Die Regulierung von Algorithmen ist ein noch neues Feld, auf dem aktuell unterschiedliche Ansätze diskutiert werden, die alle noch der Präzisierung bedürfen, bevor sie in geltendes Recht umgesetzt werden können. Dabei ist auch zu berücksichtigen, dass eine Regulierung umso wirkungsvoller sein dürfte, je mehr Staaten sich ihr anschließen. Eine europäische Regulierung wäre einer rein nationalen Lösung daher vorzuziehen, ein internationales Regelwerk das langfristige Ziel. Zudem gälte es, eine solche Regulierung auch bei Militär und Geheimdiensten durchzusetzen.

Ein letzter Aspekt: Es geht nicht nur um Software. Die Digitalisierung macht die Infrastruktur komplexer und damit auch fragiler und angreifbarer. Der Schutz der digitalen Infrastruktur vor Manipulationen und Angriffen ist Aufgabe des Bundesamts für Sicherheit in der Informationstechnik, einer dem Innenministerium unterstellten Behörde.

10. Ein Blick nach vorn

«Computer, erzähl mir alles über die Borgs!» In der Science-Fiction-Serie «Raumschiff Enterprise» war schon vor 50 Jahren selbstverständlich, was wir gerade erst erproben: mit Computern zu sprechen wie mit einem Menschen, intelligente Systeme zur Steuerung der Haus- bzw. Raumschifftechnik, Roboter als Arbeitskollegen. Die wenigsten, die beim Betrachten der Serie vor dem Fernseher über die imaginierte Technologie des 23. Jahrhunderts staunten, dürften sich klargemacht haben, was diese mit sich bringt: an Chancen, aber auch an ökonomischen, gesellschaftlichen und politischen Umbrüchen und an Herausforderungen für den Einzelnen.

Keine Superintelligenz in Sicht Trotz der bedeutungsschwangeren Bezeichnung «Künstliche Intelligenz» haben wir es bislang nicht mit einer Technologie zu tun, die eine eigene Agenda entwickeln würde. Auch wenn wir bei «Künstliche Intelligenz» an C-3PO, Commander Data, autonome Autos oder gar den Terminator denken: Tatsächlich auf dem Markt sind bislang extrem spezialisierte Systeme, die überfordert sind, wenn Aufgaben sich zu sehr verändern. Kein System kommt auch nur annähernd an die Flexibilität des Menschen heran.

In einer Hinsicht ist das nicht nur nicht schlimm, sondern

genau richtig: Maschinen sollen schließlich das übernehmen, was Menschen schwerfällt, was sie langweilt oder sie gefährdet. Ebenso wie Bagger, Kräne und Autos werden sie gerade gebaut, weil sie einzelne Dinge besser oder schneller können als der Mensch. Was sollten wir etwa mit einem Taschenrechner anfangen, der, wie ein Kind, jahrelang Mathematikunterricht nehmen muss, und dann beim Rechnen so viele Fehler macht und so viel Zeit benötigt wie unsereiner?

Auf der anderen Seite waren Maschinen mit einer allgemeinen, einer «starken», menschenähnlichen Intelligenz von Beginn an das große Ziel, eine Art heiliger Gral der KI-Forschung. Ein Ziel, das angesichts der vielen marktreifen Spezialisten ein wenig in den Hintergrund getreten ist, das aber motiviert durch die Fortschritte mit den Verfahren des maschinellen Lernens derzeit wieder häufiger thematisiert wird.

Zu prognostizieren, wie lange es noch dauern wird, eine solche künstliche allgemeine Intelligenz zu realisieren, ist zu einem beliebten Gesellschaftsspiel geworden. Die Antworten reichen von «unmöglich» bis «unvermeidlich», der Zeithorizont wird mal mit 20, mal mit 200 Jahren angegeben.

Der ehemalige DARPA-Forscher John Launchbury beschrieb 2017 drei Phasen oder Wellen der KI-Entwicklung: Zuerst kam das «handgemachte Wissen», Systeme, denen Wissen und Verarbeitungsregeln von Hand eingegeben wurden. Hierher gehört die symbolische, regelbasierte KI; in dieser Phase entstanden die Expertensysteme der 1970er und 80er Jahre. In der zweiten Phase erlebte das Lernen mit Künstlichen Neuronalen Netzen seinen Höhepunkt; es entstanden Systeme, die im Bereich der Wahrnehmung gut lernen, aber kaum generalisieren, geschweigen denn in einem menschlichen Sinne nachdenken können. Diese Phase nähert sich Launchbury zufolge gerade ihrem Ende. Die dritte Phase, die er 2020 beginnen sah, taufte Launchbury «Contextual Adaptation», Anpassung an den Zusammenhang. In dieser Phase sollen Systeme in der Lage sein, mit weniger Daten und weniger Rückmeldung zu lernen, zu erklären, wie sie zu ihren Ergebnissen kommen, und sich neuen Situationen anzupassen. In dieser dritten Phase sollen Systeme ähnlich lernen wie der Mensch, sollen in natürlicher Sprache mit Menschen interagieren, sollen erklärt bekommen, was wir von der Welt wissen, und dieses Wissen dann durch eigenes Lernen und Generalisierungen erweitern. Diese dritte Welle zu realisieren, beschäftigt Forscherinnen und Forscher überall auf der Welt. Natürlich haben andere diese drei Wellen längst um eine vierte ergänzt: die starke oder allgemeine Intelligenz.

Im Hintergrund des Nachdenkens über diese starke Künstliche Intelligenz steht oft die Befürchtung, ein solches System könnte sich selbst rasant verbessern, so rasant, dass wir nicht mehr nachvollziehen können, was vor sich geht, sodass wir schließlich die Kontrolle über dieses System verlieren. Dieser Punkt, an dem ein System eine explosionsartige Weiterentwicklung beginnt, wird «Singularität» genannt, das System selbst wäre dann eine «Superintelligenz». Je nach Temperament warnen Forscher vor dieser Entwicklung oder sehnen sie herbei als einzig möglichen Ausweg aus den Problemen der Gegenwart. Die meisten halten die Superintelligenz und ihre vermuteten Nebenwirkungen beim aktuellen Stand der Technik allerdings nicht für unser dringendstes Problem. Manche sind aber durchaus der Ansicht, auch wenn eine solche Entwicklung unwahrscheinlich sei, könne es wegen des Restrisikos jedenfalls nicht schaden, sich darüber Gedanken zu machen, wie im Falle eines Falles ein zu kluges und auf Abwege geratenes System zu stoppen wäre.

Um sich selbständig machen zu können, müsste ein System allerdings erst einmal die Freiheit haben, aus seiner Aufgabe auszusteigen, sich selbst eine neue Aufgabe zu stellen und an deren Lösung zu arbeiten. Wie eine Maschine dies bewerkstelligen soll, ist bislang offen. Vielleicht über die «künstliche Neugier», die einen Algorithmus dafür belohnt, etwas Neues zu entdecken (siehe S. 47).

Wieder andere denken über Szenarien nach, in denen künstliche intelligente Systeme die ihnen übertragene Aufgabe zu ernst nehmen. In einem Gedankenexperiment des Philosophen Nick Bostrom etwa lässt sich eine Maschine nicht stoppen und verarbeitet rücksichtslos alles Erreichbare zu Büroklammern, einfach weil sie darauf programmiert ist. In einem anderen Szenario kommt ein Algorithmus zu dem Ergebnis, die Zahl der Menschen, die an Krebs sterben, ließe sich am besten vermindern, indem man alle Menschen ausrottet.

Nun kommen Algorithmen in der Tat manchmal zu erstaunlichen Lösungen. Eine endlose Pause einzulegen verhindert zum Beispiel mit Sicherheit, dass man im Spiel besiegt wird. Dennoch ist es eine Sache, ein kurioses oder absurdes Ergebnis innerhalb eines vorgegebenen Bereichs zu errechnen, eine andere, diesen Bereich zu verlassen, und noch einmal eine andere, das Ergebnis auch umzusetzen. Es wäre zweifellos fatal, würde man bei weit reichenden Entscheidungen einen Automatismus vorsehen.

Realer als die Bedrohung durch eine Superintelligenz dürfte auf absehbare Zeit die Gefahr sein, dass wir uns im Prozess der Digitalisierung von Systemen abhängig machen, die längst nicht klug und robust genug sind für die Aufgaben, die wir ihnen aufbürden. Dann leidet die Stabilität der Infrastruktur, dann werden Menschen diskriminiert, dann verharrt die gesellschaftliche, die künstlerische und vielleicht auch die wissenschaftliche Entwicklung im Status quo.

In vielen Bereichen sind komplexe Algorithmen längst unverzichtbar. In der Wissenschaft, der Kommunikation, in Unternehmen. Eine Welt ohne das Internet und seine Suchmaschinen ist kaum noch vorstellbar. In einem eher unspektakulären Sinne sind wir also längst von dieser Technologie abhängig, etwa so, wie wir von der Elektrizität abhängig sind. Dazu muss keine Maschine sich selbständig machen und uns beherrschen wollen.

Realer als die Bedrohung durch zu selbstständige Maschinen dürften auch drei andere Bedrohungen sein: die durch zu eifrig eingesetzte Überwachungstechnologie, durch die Unwägbarkeiten autonom gesteuerter Waffensysteme und durch die fortgesetzte Monopolbildung großer Konzerne, die sich jeglicher Regulierung zu entziehen versuchen. Ob nun superintelligent oder eher beschränkt: In jedem Fall gilt es, im Blick zu behalten, ob die Ergebnisse algorithmischer Entscheidungsfindung angemessen sind und welche Konsequenzen diese Entscheidungen in der Welt haben.

Künstliche Intelligenz als akademische Disziplin ist schon etwa 60 Jahre alt. Dennoch ist die Technologie für die meisten Menschen neu und nicht leicht zu verstehen. Daraus abzuleiten, dass wir uns Zeit lassen können, uns mit dieser Technologie anzufreunden, ist leider nicht ganz richtig. Dafür sind die Möglichkeiten, Monopole aufzubauen, Machtstrukturen zu zementieren und die Totalüberwachung der Bevölkerung in die Wege zu leiten, leider zu real.

Umso wichtiger ist es, sich von den Assoziationen der Science-Fiction nicht blenden zu lassen und auch nicht von der zum Teil übertriebenen Werbung für die angeblich so smarte Technologie. Es kommt vielmehr darauf an, jetzt einen realistischen Blick für die Möglichkeiten und Grenzen dieser Technik zu entwickeln, um ihre Möglichkeiten zum Besten für die Gesellschaft auszuschöpfen. Dazu gehört, sich klarzumachen, dass es Menschen sind, die mithilfe dieser Werkzeuge die Welt in rasantem Tempo, aber nach ihren eigenen Interessen umgestalten: in Arbeitswelt und Kommunikation, in Ökonomie, Wissenschaft und Alltag.

Wo sind unsere Träume? Auf absehbare Zeit haben wir es nicht mit Superintelligenzen zu tun, sondern mit mächtigen Werkzeugen. Diese Werkzeuge versprechen im Bereich von Wissenschaft und Medizin enormen Nutzen, sie machen die Industrieproduktion effizienter, konkurrenzfähiger und idealerweise auch nachhaltiger. KI hat ein riesiges Potential für Innovationen, für Unternehmensgründungen und Geschäftsideen.

Die rasante Entwicklung von Digitalisierung und Künstlicher Intelligenz hat die Menschen und auch die Politik in den letzten Jahren überrumpelt. Heute sehen wir das amerikanische System, möglichst wenig regulierend einzugreifen und die Entwicklung dem Markt zu überlassen, das chinesische System eines staatlich gelenkten Kapitalismus, der auf die totale Überwachung und Steuerung der Bevölkerung setzt, und in Ansätzen ein europäisches Modell, das sich eine regulierte, an Menschenwürde, Datenschutz, Privatsphäre, Sozialstaat und der Aufrechterhaltung der Demokratie orientierte KI auf die Fahnen geschrieben hat. In den nächsten Jahren wird sich zeigen, ob dieser europäische Weg sich gegen die anderen Entwürfe behaupten und vielleicht sogar einen gewissen Reiz entwickeln kann. Dazu dürften Bemühungen um eine eigene europäische IT-Infrastruktur gehören und Bemühungen um effiziente Möglichkeiten, Datensouveränität zu sichern und Datensicherheit zu gewährleisten.

An der Realisierung des alten Menschheitstraums von Maschinen, die uns das Leben leichter und angenehmer machen, die es uns ermöglichen, uns und die Natur besser zu verstehen, die helfen können, die Welt für alle besser zu machen, waren wir noch nie so nah dran. Es wäre eine echte Pleite, würde diese Technologie nun vor allem dazu genutzt, Werbung effizienter zu machen, Menschen zu kontrollieren und zu manipulieren, Monopole zu bilden und die soziale Spaltung zu vertiefen.

Nachdem wir uns ein realistischeres Bild von der Künstlichen Intelligenz und ihren Chancen und Risiken gemacht haben, sollten wir nicht vergessen, uns an die Träume zu erinnern, die mit ihr einmal verbunden waren: weniger Arbeit für alle, mehr Zeit für Mitmenschen, für Kinder und Eltern, freier Zugang zum Wissen der Welt, mehr Chancengleichheit, mehr Demokratie, eine bessere Medizin, ein nachhaltigeres Wirtschaftssystem, ein besseres Verständnis der Welt. Und wir sollten zusehen, wie wir die Gesellschaft in diese Richtung weiterentwickeln.

Technologische Innovationen haben Gesellschaften oft destabilisiert, haben zu Unruhen und gewaltsamen Umbrüchen geführt. Auch die KI wird Gesellschaft, Politik und Wirtschaftssystem massiv verändern. Die Herausforderung besteht nun darin, diese Veränderung friedlich zu gestalten und zum Besten für alle zu wenden. KI löst keine gesellschaftlichen Probleme und nimmt uns keine politischen Entscheidungen ab. Sie kann uns nur helfen, selbst bessere Entscheidungen zu treffen. Und diese Hilfe können wir gut gebrauchen.

Anmerkungen

1 John McCarthy: What is Artificial Intelligence? Nov. 2007, http://jmc.stanford.edu/articles/whatsai/whatsai.pdf

2 Alan Turing: Lecture to the London Mathematical Society on 20 February 1947, https://www.vordenker.de/downloads/turing-vorlesung.pdf

3 Claude Shannon: Programming a Computer for Playing Chess. *Philosophical Magazine*, Ser. 7, vol. 41, No. 314. March 1950.

4 Günther Görz, Josef Schneeberger, Ute Schmid (Hrsg.): Handbuch der Künstlichen Intelligenz, 5. Aufl. 2013, S. 2.

5 J. McCarthy, M. L. Minsky, N. Rochester, C. E. Shannon: «A proposal for the Dartmouth Summer Research Project on Artificial Intelligence», 31. August 1955; http://raysolomonoff.com/dartmouth/boxa/dart564props.pdf

6 Alan Turing (1950): Can a Machine think? Mind, dt.: Kann eine Maschine denken? Kursbuch 8, 1967, S. 137.

7 J. Pei, L. Deng, S. Song et al.: Towards artificial general intelligence with hybrid Tianjic chip architecture. *Nature* 572, pp. 106–111 (2019) doi:10.1038/s41586-019-1424-8.

8 Sepp Hochreiter, Jürgen Schmidthuber: Long Short-Term Memory. *Neural Computation* 9(8), 1997, pp. 1735–1780.

9 Ian Goodfellow, Jean Pouget-Abadie, Mehdi Mirza, Bing Xu, David Warde-Farley, Sherjil Ozair, Aaron Courville, Yoshua Bengio: Generative Adversarial Networks. In: *NIPS* 2014.

10 Yi Yu, Simon Canales: Conditional LSTM-GAN for Melody Generation from Lyrics. arXiv 15. August 2019, https://arxiv.org/pdf/1908.05551.pdf

11 Kai Arulkumaran, Marc Peter Deisenroth, Miles Brundage, Anil Anthony Bharath: A Brief Survey of Deep Reinforcement Learning, arXiv, 28. September 2017, https://arxiv.org/pdf/1708.05866.pdf

12 Annie Xie, Frederik Ebert, Sergey Levine, Chelsea Finn: Improvisation through Physical Understanding: Using Novel Objects as Tools with Visual Foresight. arXiv: 1904.05538, April 2019.

13 Laura von Rueden, Sebastian Mayer et al.: Informed Machine Learning – Toward a Taxonomy of Explicit Integration of Knowledge into Machine Learning. arXiv: 1903.12394.

14 Oriol Niyasl et al.: Grandmaster level in StarCraft II using multi-agent reinforcement learning. *Nature*, October 2019.

15 Matthias Spielkamp: Wenn Algorithmen über den Job entscheiden. AlgorithmWatch, 22.7.2019, https://algorithmwatch.org/wenn-algorithmen-ueber-den-job-entscheiden/

16 Ziad Obermeyer et al.: Dissecting racial bias in an algorithm used to manage the health of populations. *Science* vol. 366, issue 6464, pp. 447–453.

17 S. Lapuschkin, S. Wäldchen, A. Binder et al.: Unmasking Clever Hans predictors and assessing what machines really learn. *Nat Commun* 10 (2019), doi:10.1038/s41467-019-08987-4.

18 Robert Kwiatkowski, Hod Lipson: Task-agnostic self-modeling machines. *Science in Robotics* 4, 2019.

19 Sophie Jentzsch et al.: Semantics Derived Automatically from Language Corpora Contain Human-like Moral Choices. AIES 2019, doi.org/10.1145/3306618.3314267.

20 Matt J. Kushner et al.: Counterfactual Fairness. In: Advances in Neural Information Processing Systems 30 (NIPS 2017).

21 Titus Brinkler et al.: Deep learning outperformed 136 of 157 dermatologists in a head-to-head dermoscopic melanoma image classification task. *European Journal of Cancer*, vol. 113, May 2019, pp. 47–54.

22 James Bridle: New Dark Age. Der Sieg der Technologie und das Ende der Zukunft. München 2019.

23 Ronald Arkin et al.: A Path towards reasonable autonomous weapons regulation. *IEE Spectrum*, 21. Oct. 2019.

24 WBGU Hauptgutachten: Unsere gemeinsame digitale Zukunft: https://www.wbgu.de/de/publikationen/publikation/unsere-gemeinsame-digitale-zukunft

25 Tobias Jetzke, Stephan Richter, Jan-Peter Ferdinand und Samer Schaat: Künstliche Intelligenz im Umweltbereich Anwendungsbeispiele und Zukunftsperspektiven im Sinne der Nachhaltigkeit. Ressortforschungsplan des Bundesministeriums für Umwelt, Naturschutz und nukleare Sicherheit. Texte 56/2019.

26 Thorsten Schneiders, Tobias Rehm, Lukas Hilger: Forschungsstudie SmartHomeRösrath. Feldtest in 120 Haushalten zur Untersuchung von Heizenergieeinsparungen in Bestandsgebäuden. VISE Policy Brief Q3/2018.

27 L. Belkhir, A. Elmeligi: «Assessing ICT global emissions footprint: Trends to 2040 & recommendations», *Journal of Cleaner Production*, vol. 177, pp. 448–463, Mar. 2018.

28 G. Cook et al.: «Clicking Clean: Who is winning the race to build a green internet?», Greenpeace, Washington, DC, Jan. 2017.

29 E. Strubell, A. Ganesh, A. McCallum: «Energy and Policy Considerations for Deep Learning in NLP», arXiv: 1906.02243 [cs], Jun. 2019.

30 Roy Schwartz, Jesse Dodge, Noah A. Smith, Oren Etzioni: Green AI. arXiv, 13. August 2019.

31 James Bessen et al.: Automatic Reaction – What Happens to Workers at Firms that Automate? Boston University School of Law Law & Economics Series Paper No. 19-2, Feb. 2019.

32 Beth Gutelius, Nik Theodore: The Future of Warehouse Work: Technological Change in the U. S. Logistics Industry. A report from the UC Berkeley Center for Labor Research and Education and Working Partnerships USA, October 2019.

33 Chiara Longoni, Andrea Bonezzi, Carey K. Morewedge: Resistance to Medical Artificial Intelligence. *Journal of Consumer Research*, Volume 46, Issue 4, December 2019, pp. 629–650, https://doi.org/10.1093/jcr/ucz013

34 MMC Ventures: The State of AI: Divergence 2019, S. 99.

35 Astra Taylor: The Automation Charade. *Logic*, no. 5, 2018.

36 Karen Hao: The biggest thread of deepfakes isn't deepfakes themselves. *MIT Technology Review,* 10. Oct. 2019.

37 Shoshana Zuboff: Das Zeitalter des Überwachungskapitalismus. Frankfurt a. M. 2018.

38 Bundesministerium des Inneren, für Bau und Heimat, Bundesministerium der Justiz und für Verbraucherschutz: Leifragen der Bundesregierung an die Datenethikkommission. 5. Juni 2018.

39 The IEEE Global Initiative on Ethics of Autonomous and Intelligent Systems: Ethically Anligned Design: https://ethicsinaction.ieee.org/

40 Noëlle Rohde: Gütekriterien für algorithmische Prozesse Eine Stärken- und Schwächenanalyse ausgewählter Forderungskataloge. Bertelsmann Stiftung, Juli 2018.

41 Katharina Zweig. Ein Algorithmus hat kein Taktgefühl. München 2019, S. 234 f.

Literatur

Grundlagen und Übersicht

Ethem Alpaydin: Machine Learning. The New AI. MIT Press, Cambridge, Mass. 2016

Yann LeCun, Yoshua Bengio, Geoffrey Hinton: Deep Learning. *Nature*, May 2015

Wolfgang Ertl: Grundkurs Künstliche Intelligenz. Eine praxisorientierte Einführung. Wiesbaden 2008

Keith Frankish, William M. Ramsey: The Cambridge Handbook of Artificial Intelligence. Cambridge University Press 2013

Günther Görz, Josef Schneeberger, Ute Schmid (Hg.): Handbuch der Künstlichen Intelligenz. München, 5. A., 2014

Stuart Russell, Peter Norvig: Artificial Intelligence. A Modern Approach. 3rd revised edition, Prentice Hall, 2010

Neue Forschungsarbeiten

https://arxiv.org/list/cs.AI/recent

Historisches

John McCarthy, Marvin L. Minsky, Nathaniel Rochester, Claude E. Shannon: «A proposal for the Dartmouth Summer Research Project on Artificial Intelligence», 31. August 1955 (http://raysolomonoff.com/dartmouth/boxa/dart564props.pdf)

Herbert Simon: Die Wissenschaft vom Künstlichen, Hamburg o.J. (Orig.: The Science of the Artificial, Cambridge, Mass. 1969)

Alan Turing: Kann eine Maschine denken? Kursbuch 8, 1967, S. 137 ff. (Orig.: Computing machinery and intelligence. *Mind*, vol. 59, 1950, pp. 433–460)

Joseph Weizenbaum: «ELIZA – A Computer Program for the Study of Natural Language Communication between Man and Machine», Communications of the Association for Computing Machinery, vol. 9, 1966, pp. 36–45

ders.: Die Macht der Computer und die Ohnmacht der Vernunft. Frankfurt a. M. 1977

Zum Weiterlesen

Andreas Bischof: Soziale Maschinen bauen. Epistemische Praktiken der Sozialrobotik. Bielefeld 2017

Margaret Boden: Mind as Machine. A History of Cognitive Science. 2 vol., New York 2006

dies.: Artificial Intelligence. Its nature and future. Oxford University Press 2016

Eric Brynjolfsson, Andrew McAfee: The Second Machine Age. Wie die nächste digitale Revolution unser aller Leben verändern wird. Kulmbach 2014

Pedro Domingos: The Master Algorithm. How the Quest for the Ultimate Learning Machine Will Remake Our World. Penguin Books, 2015

Hubert Dreyfus: What Computers still can't do. A Critique of Artificial Reason. MIT Press, Cambridge, Mass. 1999

Martin Ford: Architects of intelligence: the truth about AI from the people building it. Packt Publishing, 2018

Steffen Mau: Das metrische Wir. Über die Quantifizierung des Sozialen. Berlin 2017

Cathy O'Neill: Weapons of Math Destruction. How Big Data Increases Inequality and Threatens Democracy. Crown Publisher, New York 2016

Thomas Rid: Maschinendämmerung. Eine kurze Geschichte der Kybernetik. Berlin 2016

Shoshana Zuboff: Das Zeitalter des Überwachungskapitalismus. Frankfurt a. M. 2018

Katharina Zweig: Ein Algorithmus hat kein Taktgefühl. Wo künstliche Intelligenz sich irrt, warum uns das betrifft und was wir dagegen tun können. München 2019